民国学者与故宫

肖伊绯　著

故 宫 出 版 社

图书在版编目（CIP）数据

民国学者与故宫／肖伊绯著．-北京：故宫出版社，2016.12

（尚书房）

ISBN 978-7-5134-0962-9

Ⅰ.①民… Ⅱ.①肖… Ⅲ.①故宫－介绍－北京 Ⅳ.①G269.263

中国版本图书馆CIP数据核字（2016）第294415号

民国学者与故宫

肖伊绯 著

出 版 人：王亚民

责任编辑：刘 晴

装帧设计：王 梓 杨 光

出版发行：故宫出版社

地址：北京市东城区景山前街4号 邮编：100009

电话：010-85007808 010-85007816 传真：010-65129479

网址：www.culturefc.cn 邮箱：ggcb@culturefc.cn

印 刷：保定市中画美凯印刷有限公司

开 本：787毫米×1092毫米 1/16

印 张：13.25

版 次：2016年12月第1版

2016年12月第1次印刷

印 数：1—6000册

书 号：ISBN 978-7-5134-0962-9

定 价：36.00元

目　录

附录：

故宫博物院

王国维：南书房外故国梦

王国维（1877—1927）

虽然进献治国之道的奏折，于此时的废帝溥仪而言，根本不可能再有什么实用价值，无异于空中楼阁，只能看看、叹叹而已。但王国维的那份《筹建皇室博物馆奏折》，却真可谓一篇未卜先知式的预言书。故宫博物院果然于次年即宣告诞生，但并不是皇室筹建的……

1924 年 2 月 5 日为农历新年，甲子年大年初一。这一天，王国维给罗振玉写了一封贺年信，信中特别提到，“节赏已下，明晨须入内谢恩”。这里的“节赏”，是指逊帝溥仪过年时照例发给的赏金，相当于如今的“年终奖”。这里的“入内谢恩”，当然是指进入故宫内廷，去叩谢皇帝的恩泽。

第二天，王国维“入内谢恩”，怎么个三拜九叩的模样，怎么个诚惶诚恐的情状——这些细节上的史料记载，如今已无从得知。但可以确定的却是，王国维给溥仪呈献了他自己所著、刚刚印制出来的新书，也就是那部 20 世纪中国学术的代表作《观堂集林》。必须附带说明的是，这部献给末代皇帝的《观堂集林》，不同于如今常见的所谓“通行本”，不是罗振玉、赵万里在王氏死后着手整理印制的那两种 24 卷本《观堂集林》；这是经王国维亲

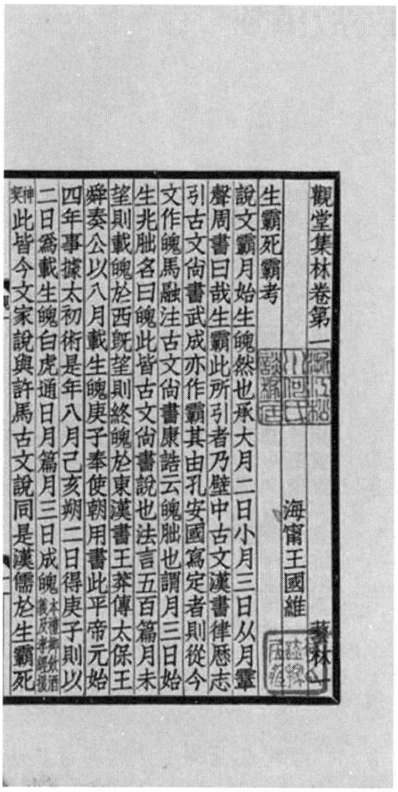

觀堂集林卷第一
生霸死霸考　海寧王國維
說文霸月始生魄然也承大月二日小月三日从月䨣聲周書曰哉生霸此所引者乃壁中古文漢書律歷志引古文尚書武成亦作霸其由孔安國寫定者則從今文作魄馬融注古文尚書康誥云魄朏也謂月三日始生兆朏名曰魄此皆古文尚書說也法言五百篇月未望則載魄於西既望則終魄於東漢書王莽傳太保王舜奏公以八月載生魄庚子奉使朝用書此平帝元始四年事據太初術是年八月己亥朔二日得庚子則以二日爲載生魄白虎通日月篇月三日成魄
此皆今文家說與許馬古文說同是漢儒於生霸死

《观堂集林》
20 卷本，蒋汝藻 1921—1923 年校印初版，为王氏生前唯一自定本。

丁辅之（1879—1949）

自审定，著名藏书家蒋汝藻出资校印的 20 卷本《观堂集林》，藏书界通称其为“蒋本”。

“蒋本”的印制没有采取普通的石印法，而是选用了当时极为考究的“聚珍仿宋版”铅活字印制，这是由西泠印社创始人之一丁辅之（1879—1949）精心研制出来的一种印刷字体。这种字体精雅端庄，是从宋板书的字体演变而来，再经由名师仿写、刻模；使用这种字体印制出来的线装书籍，颇为古雅悦目。由于聚珍仿宋印书局设在上海，已经北上的王国维与身在上海的蒋汝藻，就一北一南通力合作，历时 3 年的校印，才终得完工。他们早已商定，总共刊印 521 部，其中普通竹纸本 400 部，连史纸本 100 部，用于发售；另有特印连史纸六开大本装 20 部，则用于馈赠亲友；此外，还专门特制有一部黄绫裱装的“进呈本”，这就是准备呈献给溥仪的。

就在那一年的除夕夜，王国维心急火燎地拿到了蒋汝藻通过兴业银行由上海转运而来的“蒋本”，共计 35 部。他郑重地挑出唯一一部“进呈本”，用于大年初二的“入内谢恩”去了。过年得皇帝节赏，入宫献黄绫新书——王氏的这个新年过得既有气派，又有品位，自然毋庸多言。此刻，溥仪的心情也颇佳，御笔一挥，画了一幅牡丹图，让王氏为这御笔画题上几首喜庆赞颂诗。王氏一口气写了九首《题御笔牡丹诗》，虽是纯为御用而定制，却在“普天颂圣”的同时，也看得出他自己的“春风得意”。最后两首即可见一斑：

天香国色世无伦，富贵前人品未真。
欲识和平丰乐意，玉阶看取此花身。

履端瑞雪兆丰年，甲子贞余又起之。
天上偶然闲涉笔，都将康乐付垓埏。

接下来，君臣互动，气氛热烈。溥仪又一下子画了四幅花卉，有碧桃、牡丹、藤萝和桂菊海棠。南书房里，王国维也一一为御笔画题了四首诗。接下来，他又为同僚、王爷们题诗多首，甚至还为南书房的太监朱义方也题了诗，忙得不亦乐乎。这已俨然不再是“人间词”的气象，而是“天子门生”的意气了；显然，王氏从金石甲骨的古学堆里钻了出来，在这遍是御笔奇葩的南书房中，获得了另一番勃勃生机。此时，他在故宫里“行走”，也才刚刚 8 个月而已。

王国维（左）与罗振玉

据载，1923 年 4 月 16 日，王国维因升允（字吉甫）的推荐，作为海内遗老中的硕学，得到了溥仪的“谕旨”钦点：“杨钟羲、景方昶、温肃、王国维均着在南书房行走。”

一般而言，此刻王氏就可以因为要“当差”，随时应召出入故宫了。但事实上，王氏真正“到岗”故宫，还在近两个月之后。原来，当时王氏尚寓居于上海，而北京大学也想聘其为教授，并由马衡寄出了聘书；他回信说“当请示罗先生再定”，不久便函谢并退回了聘书，仅与罗振玉一起接受了“函授导师”的虚衔。王氏随即也打点行装，准备北上，期间为了迁京后的寓所、治装等事宜，又多次与罗振玉通信相商，并向蒋汝藻借到觐见溥仪的朝衣朝帽。王氏 5 月 25 日乘船北上，28 日到天津，31 日赴北京，暂居金梁寓所；6 月 4 日入宫觐见溥仪，即“到差”，方才“到岗”故宫。

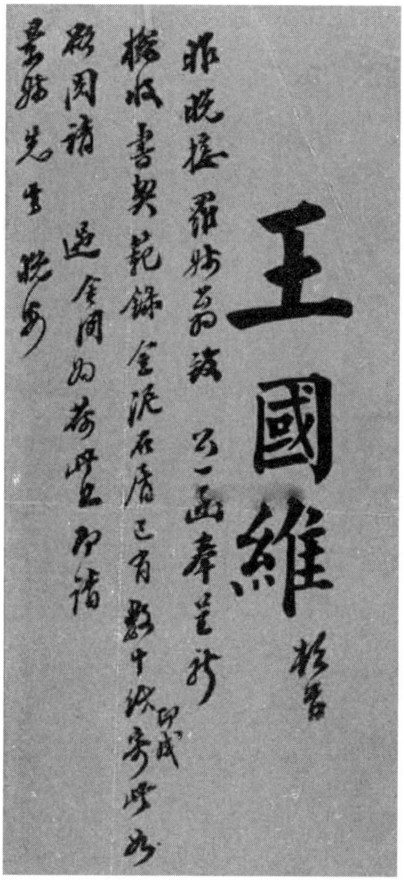

王国维名帖

王国维既得了“南书房行走”的差事，在故宫里的活动区间，自然是要在南书房一带多多“行走”的。那么，南书房究竟是怎样一所建筑，又是一处怎样的权力机构呢？

其实，南书房就是皇帝的书房之一；康熙皇帝在紫禁城设了两个书房，即南书房和上书房。南书房地处康熙皇帝曾听政的乾清宫西南隅，是一排不太显眼的房舍，但其显赫历史却不容小视。纵览《清史稿》，可知南书房设于康熙十六年（1677），撤销于光绪二十四年（1898），是康熙为了与翰林院词臣们研讨学问、吟诗作画特设的，有百余年的历史。能在此处“行走”的臣子，才学应是当朝第一流的，即所谓“择词臣才品兼优者”入值，称“南书房行走”。这些“行走”们，有时还要替皇上“撰述谕旨”，所以这个南书房“非崇班贵檩、上所亲信者不得入”；“权势日崇”的南书房，实际上已成为康熙一朝的权力核心。雍正一朝自军机处建立后，军机大事均归军机处办理，南书房官员不再“参预机务”，其地位有所下降。但由于入值者常能觐见皇帝，因此仍具有一定地位。此时，王国维以布衣之身，得以入职南书房，以清末遗老的眼光看来，确属殊荣，受皇帝的恩宠程度是不一般的。

此刻，王国维也的确怀以感恩报恩的心态，严格遵照宫规，要尽忠履职，为皇室效力始终。1923 年 7 月 14 日，溥仪再度颁“旨”，为王国维“着加恩赏给五品衔，并赏食五品俸”，也明确表示了皇室对其才学的肯定。再次领受皇恩浩荡之后，王氏却还没有明确获知“入值”时间，也没有十分清楚“入值”的相关规制。简言之，他不知道该怎样“行走”，究竟又有什么具体工作。三天后，他为之致函罗振玉，告以“帝师”朱益藩关于南书房“入值”办法的意见：“南斋入值办法……不以分书为然，但以每人所长者上闻，由

溥仪与其师朱益藩、陈宝琛合影

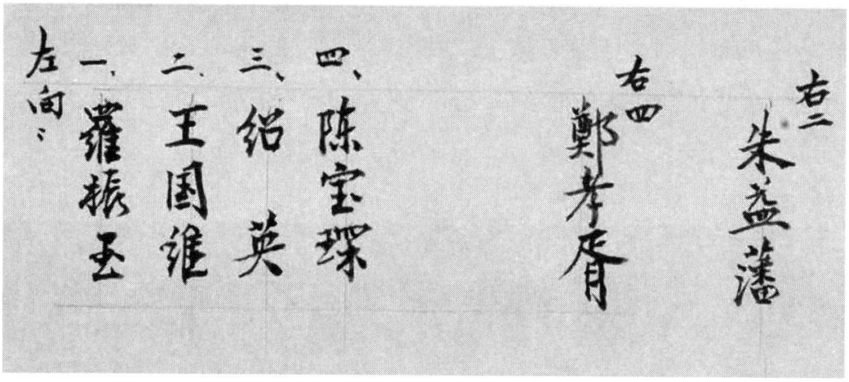

王国维与同僚合影

照片中有罗振玉、王国维、绍英、陈宝琛、郑孝胥、朱益藩等诸多清室同僚，约摄于 1924 年前后。

上随意发问，即亦闲谈一切，亦无不可。盖即以此意定局也。上体小有不适，系肝家不和，故尚须数日后请旨，恐入值亦须略迟十日耳。”由此可见，“南书房行走”一职，并无实际职能与职责，每日当值之际，要么是向溥仪奏报自己所长的见解，要么就直接是君臣之间的随意闲谈。且因溥仪身体不适，王氏要正式入值履职，还得等上十余日。

王国维入值南书房快一年之际，终于向溥仪接连递交了两份入值以来专业性、针对性最强的奏折，以此表达他的一片臣子赤诚之心。1924 年 5 月 18 日，他向溥仪呈递《筹建皇室博物馆奏折》，内云：“今有一策，有保

李煜瀛题故宫博物院匾额

清室善后委员会封条

摄于 1925 年，照片上的封条，日期为民国十四年（1925）一月三日。

安皇室之利而无其害者，臣愚以为莫若开放禁城离宫之一部为皇室博物馆，而以内府所藏之古器、书画陈列其中，使中外人民皆得观览，如此则禁城之内，民国所辖地面，既有文渊阁之四库全书，文华、武英诸殿之古器、书画，皆我皇室之重器，而皇室所辖地面，复有皇室博物馆陈列内府之重器，是禁城一隅实为全国古今文化之所萃，即与世界文化有至大之关系，一旦京师有事，万国皆有保卫之责。”数日后，又上书溥仪，论说中国传统的修身齐家治国平天下之道，他把孔子、老子的学说与“西学西政”作了对比，并联系近世以来中外国情，得出结论道：“盖与民休息之术，而长治久安之道，莫备于周孔，在我国为经验之良方，在彼土尤为对症之新药，是西人固已憬然于彼政治之流弊，而思所变计矣。”

虽然进献治国之道的奏折，于此时的废帝溥仪而言，根本不可能再有什么实用价值，无异于空中楼阁，只能看看、叹叹而已。但王国维的那份《筹建皇室博物馆奏折》，却真可谓一篇未卜先知式的预言书。故宫博物院

驻守在宫中的军警　摄于20世纪初

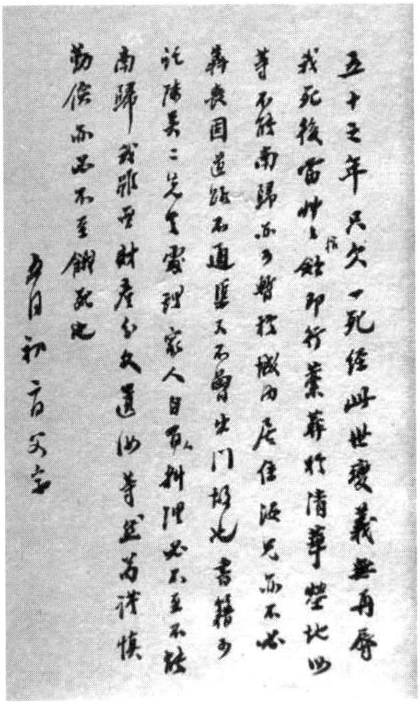
五十之年，只欠一死，经此世变，义无再辱。我死后当草草棺敛，即行藁葬于清华茔地。汝等不能南归，亦可暂于城内居住。汝兄亦不必奔丧，因道路不通，渠又不曾出门故也。书籍可托陈、吴二先生处理。家人自有人料理，必不至不能南归。我虽无财产分文遗汝等，然苟谨慎勤俭，亦必不至饿死也。五月初二日父字

王国维遗嘱

果然于次年即宣告诞生，但并不是皇室筹建的。

原来，1924 年 10 月，冯玉祥率国民军发动“北京政变”，解散国会，软禁了贿选总统曹锟，由黄郛代行国务总理，组成摄政内阁。11 月 5 日，内阁强行修正了清室优待条件，没收清宫，永远废除皇帝尊号，发动“逼宫”行动，把溥仪的小朝廷彻底赶出了紫禁城。政府代表随即接管皇宫，封存文物，经一年之整理，故宫博物院于 1925 年 10 月 10 日正式成立。紫禁城收归国有，旋即又建成故宫博物院，这当然是王国维始料未及的，更是有些措手不及、悲愤不已的。

溥仪被逼出宫那天，王国维侍行左右，未敢稍离。事后他致函日本学者狩野直喜，叙述那天的情形及当时的心情说：“一月以来，日在惊涛骇浪间。十月九日之变，维等随车驾出宫，白刃炸弹夹车而行，比至潜邸，守以兵卒，近段祺瑞、张作霖入都，始行撤去，而革命大憝，行且入都，冯氏军队尚踞禁御，赤化之祸，旦夕不测。幸车驾已于前日安抵贵国公使馆，蒙芳泽公使特遇殊等，保卫周密，臣工忧危，始得喘息。诸关垂注，谨以奉闻。”又据狩野回忆，“听说王君遭逢此事，悲愤慷慨，泪如雨下”。

曾在日本创办《文字同盟》，当时正在北京《顺天时报》社工作的桥川时雄，也在回忆溥仪移居醇亲王府的情形时提到了王国维的激烈反应。桥川忆述称：“我听到急报，早上八点左右赶到王府，陈宝琛、朱益藩他们在门外转来转去，进到里面只见宣统帝张着大嘴，魂不守舍地坐在椅子上，对面王先生一个人跪在那儿哭。”他还提到王国维“对冯玉祥非常憎恶，搜

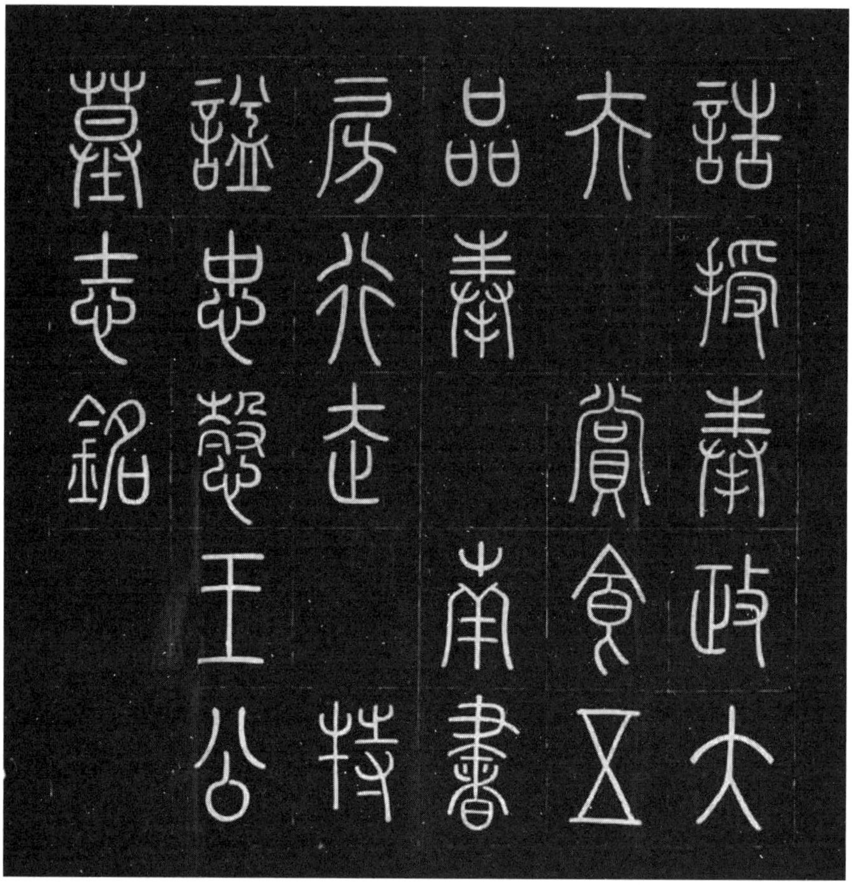

王国维墓志盖拓片

集了‘二马’（即‘冯’）的左一个右一个的坏话，送来要登在报纸上，要是没登载的话，他还会写信来催促说：‘前天我要登载，怎么还没载呢’”？在此期间，王国维已经几度欲投护城河自尽，要以一死尽臣子之忠，但皆因家人监视阻止而未果。

在“惊涛骇浪”中忧心如焚，把作为清室臣子的名节看得很重的王国维，同样对遗留在宫中的旧时衣冠看得很重。他在“清室善后委员会”已经开始点查故宫内府之际，忽然想到自己与同僚们的朝服衣冠还在宫中，即刻给当时在委员会任职，后来任故宫博物院院长的马衡写信求助。他在这封写于 1924 年 12 月 13 日的信中，带着近似哀求的口吻请求将数套朝服衣冠归还，他写道：“委员会检查南书房时，弟有如意四柄（上并有姓名），朝冠，披肩，朝裙各一件，同官中亦多有之，闻被封在一小屋内，祈为一言诸会中，一并检交太监朱义方为感。”他之所以在“逼宫”之变后还记挂着这些旧时衣冠，恐怕是期待着有朝一日能重整衣冠，再重回“南书房行走”罢。当然，遵循儒家所谓“君子死，冠不免”，这或许也正是他为自己的死期所安排的。

无论如何，王国维都只能离开故宫了。这一离开，是心若死灰的永别，而不是日后又换作学术顾问或普通游客，可以旧地重游的。这一离开，是生离与死别，是心灵上的失魂落魄，是精神上的再无归路。

1927 年 6 月 2 日上午 8 时，王国维赴学校公事室，与平日无异。9 时许，忽向别人借了 5 元钱，再雇车往颐和园，购票入内，步行而至排云殿西鱼藻轩前，临流独立，吸尽一支烟，便纵身投湖而死。打捞遗体之后，发现衣袋中有遗书一纸，是留给三子贞明的，遗书云：

> 五十之年，只欠一死；经此世变，义无再辱！我死后，当草草棺敛，即行藁葬于清华园茔地。汝等不能南归，亦可暂于城内居住。汝兄亦不必奔丧，因道路不通，渠又不曾出门故也。书籍可托陈（寅恪）、吴（宓）二先生处理。家人自有人料理，必不至不能南归。我虽无财产分文遗汝等，然苟谨慎勤俭，亦必不至饿死。五月初二日，父字。

王国维的自沉身死，自然是 20 世纪中国学界乃至文化界的一大公案。无论“殉国说”是否成立，毋庸置疑的是，王国维之于故宫，的确迥异于别的民国学者。王国维之于故宫，绝非学术研究或行政职务上的关联，而更有着骨血与灵魂上的映照。

可以揣想，早年倾心于德国叔本华哲学的王国维，曾一度将作为意志与表象的世界，凝缩于中国古文字学与古经史学的复合体之中，在这一精神世界中，原本意志纯粹而专一，摒绝着诸般尘俗的表象。这时，“故宫”还仅仅只是一个可有可无的建筑符号，或者根本无法进入他那高古史学中的“近代文物”罢了。可一旦这种凝缩于两三千年时空之外的古学心境，又重新被拉回可以视作精神归宿的千秋道统象征建筑物之中，那遥视久远、冥搜世外的古学心境，顿时便与近在咫尺、触手可及的帝国道统合体归一。从此，古学与故宫，家国与道统——意志与表象，世外心境与道统象征，得以完美对映，足以洗心明志。在昔日的紫禁城中，在此时的南书房里，王国维灵魂重生的精神世界之中心，已经悄然降临。

但可惜的是，作为王国维精神世界之中心的故宫，在其“行走”了17个月之后，这座精神圣殿就在“逼宫”事件中，轰然倒塌，化为乌有。一直对现实世界保持着无欲无求的王国维，其个体生命唯一能获得存在感的那个精神世界也荡然无存。一生保持着精神洁癖的王国维，当然义无反顾、毫无留恋地要一死了之，带着为道统陪葬的意志，以及那个在心目中永远保持着神圣归宿感的“故宫”，在皇家园林里纵身一跃，永远离开了这个表象纷乱、毫无意义的人间世界。

当然，“君子死，冠不免”，按照孔子的古训，王国维似乎还算不得子路般的烈士。那投水而亡的国学导师，只不过一身长袍，还看不到什么故国衣冠的痕迹。曾向“清室善后委员会”索要的朝服衣冠，恐怕是未能索回的；否则，他一定是要穿戴齐整，要以“冠不免”的姿态，昂然离世而去。不过这也无碍，毕竟在他的墓志铭上，“南书房行走”的荣耀头衔，终于勒石不朽；撰写这一墓志铭的，也正是曾与他一同“行走”的同僚杨钟羲、袁励准，而这两位同僚的荣耀头衔，还要加上一项“紫禁城骑马”。就这样，南书房与紫禁城，就在同一块墓志铭上重逢；那些在城中房前、若有若无的脚步声与马蹄声，才是王国维灵魂深处的激荡心声罢。

胡适：百尺宫墙少年心

胡适 (1891—1962)

说到“故宫”，胡适与之机缘不浅。他是与中国最后一位皇帝溥仪通过电话，进过宫，聊过天的现代学者，也是直接见证“紫禁城”化身“故宫”，直接经历皇家禁地化身国家博物院的现代学者。

在北京大学图书馆中，现有已编目的胡适中文藏书 5941 种，这是胡适 1948 年底离开中国大陆之际，所遗留下来的私人藏书的主要部分。这其中编号 4990 的藏书《太平清调迦陵音》，为北平故宫博物院图书馆刊行的线装本，是影印清宫旧藏的一部明代曲学古籍。1930 年 6 月，胡适为这册影印本题写书名，是他首次为故宫出版物题写书名。

而在海峡一隅的台湾南港，胡适纪念馆馆藏已编目的 2706 种胡适中文藏书中，编号为 0367 的《故宫文物浅说》一书，也是由胡适题写书名的。这是 1959 年 7 月在台湾初版发行的介绍台北故宫博物院馆藏文物的小册子，这是胡适最后一次为“故宫”相关出版物题写书名。

说到“故宫”，胡适与之机缘不浅。他是与中国最后一位皇帝溥仪通过

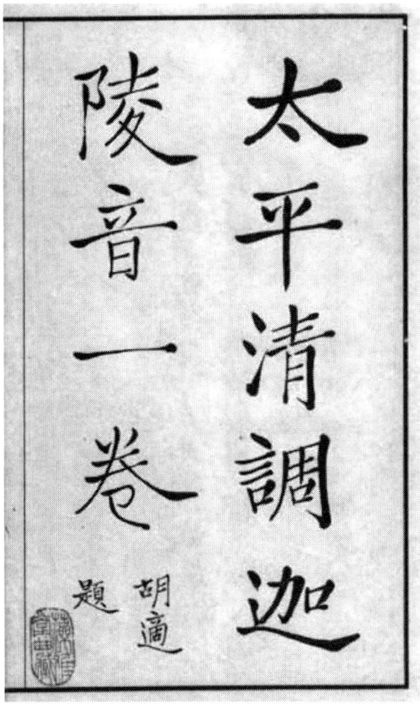

胡适题笺《太平清调迦陵音》
1930 年故宫博物院影印出版。

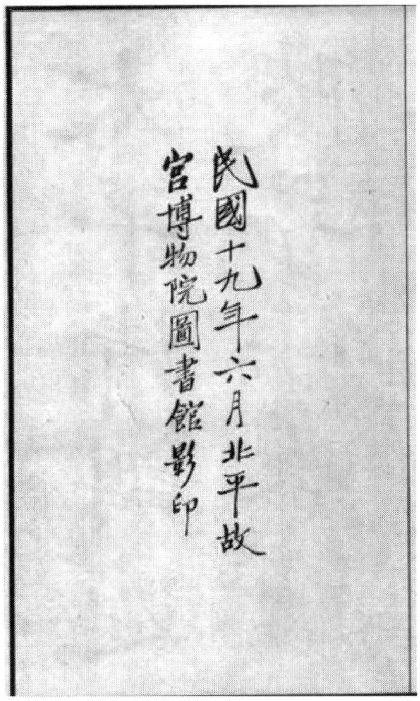

胡适题写的故宫博物院版权页

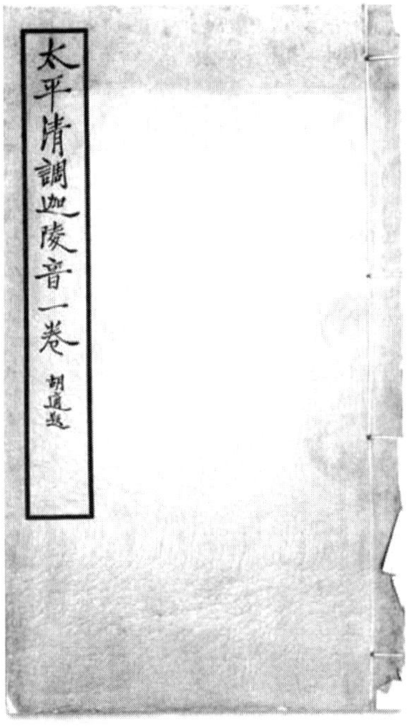

《太平清调伽陵音》封面

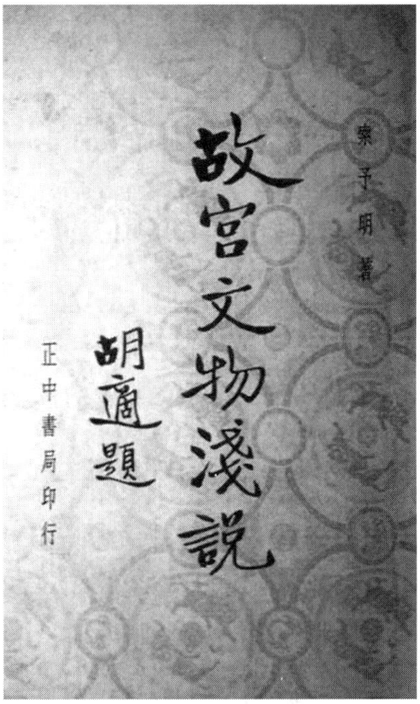

胡适题笺《故宫文物浅说》
1959 年台湾出版。

电话，进过宫，聊过天的现代学者，也是直接见证“紫禁城”化身“故宫”，直接经历皇家禁地化身国家博物院的现代学者。这一切，都还得从1922年5月30日，那一次著名的、引发众多非议的溥仪召见说起。

胡适日记1922年5月17日：

> 今天清室宣统帝打电话来，邀我明天去谈谈。我因为明天不得闲，改约阴历五月初二日去看他（宫中逢二休息）。

——这应当是中国的大学教授首次接到紫禁城内皇帝的电话，而作为现代学者的胡适，并没有因之诚惶诚恐、受宠若惊。因为次日要在北大监考及讨论招考简章方案，胡适不得不将“进宫”时间推后。但他也相当重视这次面晤末代皇帝的机缘，于5月24日提前做了相关信息搜集，以确保“进宫”时的得体适宜。他在当天的日记中写道：

> 我因为宣统要见我，故今天去看他的先生庄士敦（Johnston），问他宫中情形。他说宣统近来颇能独立，自行其意，不受一班老太婆的牵制。前次他把辫子剪去，即是一例。上星期他的先生陈宝琛病重，他要去看他，宫中人劝阻他，他不听，竟雇汽车出去看他一次，这也是一例。前次庄士敦说起宣统曾读我的《尝试集》，故我送庄士敦一部《文存》时，

溥仪（1906—1967）

1921年，溥仪在庄士敦的劝导下剪掉辫子，标志着200多年“辫子时代”的彻底结束。这是我们目前所能见到的比较早的溥仪剪掉辫子后的照片。

溥仪和庄士敦养性斋留影

也送了宣统一部。这一次他要见我，完全不同人商量，庄士敦也不知道，也可见他自行其意了。庄士敦是很稳健的人，他教授宣统，成绩颇好；他颇能在暗中护持他，故宣统也很感激他。宫中人很忌庄士敦，故此次他想辞职，但宣统坚决不肯放他走。

1922年5月30日，时年31岁的胡适如约前往故宫，面见溥仪。这是中国现代学者首次应召“进宫”，当然，也是中华民国的教授首次面见大清帝国的皇帝；还是新文化运动开创者头一遭直接面对封建文化最高缔造者，等等，很多可以为此次会谈赋予的重大历史意义，都可以定格在这一天。胡适的“史料癖”也在这一天得到空前满足，他在日记中详细记载了胡博士“进宫一日游”的全过程。日记原文如下：

今日因与宣统帝约了去见他，故未上课。

十二时前，他派了一个太监，来我家接我。我们到了神武门前下车，先在门外一所护兵督察处小坐，他们通电话给里面，说某人到了。我在客厅里坐时，见墙上挂着一幅南海招子庸的画竹榻本。此画极好，有一诗云：

写竹应师竹，何须似古人?

心眼手如一，下笔自神通。

道光辛丑又三月，南海招子庸作于潍阳官舍。

招子庸即是用广州土话作《粤讴》的大诗人；此诗虽是论画，亦可见其人，可见其诗。

他们电话完了，我们进宫门，经春华门，进养心殿。清帝在殿的东厢，外面装大玻璃，门口挂厚帘子；太监们掀起帘子，我进去。清帝已起立，我对他行鞠躬礼，他先在面前放了一张蓝缎垫子的大方凳子，请我坐，我就坐了。我称他“皇上”，他称我“先生”。他的样子很清秀，但单薄的很；他虽只十七岁，但眼睛的近视比我还利害；穿蓝袍子，玄色背心。室中略有古玩陈设，靠窗摆着许多书，炕几上摆着今天的报十余种，大部分都是不好的报，中有《晨报》、英文《快报》。几上又摆着白情的《草儿》，亚东的《西游记》。他问起白情，平伯；还问及《诗》杂志。他曾作旧诗，近来也试作新诗。他说他也赞成白话。他谈及他出洋留学的事，他说：“我们做错了许多事，到这个地位，还要糜费民国许

溥仪与庄士敦合影　1925 年

着中式便装的庄士敦

多钱，我心里很不安。我本想谋独立生活，故曾要办皇室财产清理处。但许多老辈的人反对我，因为我一独立，他们就没有依靠了。”

他说有许多新书找不着。我请他以后如有找不着的书，可以告诉我。我谈了二十分钟，就出来了。

当胡适进宫面见“皇上”的消息传出后，据溥仪在《我的前半生》中的回忆，宫内保守势力对此极为不满，深恐宫外的“新文化”污染了宫内的“王道”，各种议论在宫中像炸开了油锅似的。而在紫禁城外，各种揣测与传闻也蜂起，诸如“胡适为帝师”、“胡适请求免拜跪”等小道消息不绝于耳。1922 年 7 月 22 日，胡适进宫 50 天后，各种传闻仍未平息，为正视听，他写了一篇《宣统与胡适》，将日记中的内容全盘照搬出来，略加修订，次日就刊登在了《努力周报》上。文章最后感慨说：

> 一个人去看一个人，本也没有什么希奇。清宫里这一位十七岁的少年，处的境地是很寂寞的，很可怜的；他在这寂寞之中，想寻一个比较也可算得是一个少年的人来谈谈：这也是人情上很平常的一件事。不料中国人脑筋里的帝王思想，还不曾洗刷干净。所以这一件本来很有人味儿的事，到了新闻记者的笔下，便成了一条怪诧的新闻了。

至此，关于胡适进宫的种种奇谈怪论，理应返归到合乎情理的一个结论，即胡适进宫既无政治目的，也谈不上什么新旧文化交锋，只是两位年轻人在紫禁城里闲聊文学与人生罢了。如果说一定要将这次面晤，赋予一点可以“拔高”的意义，那也仅仅局限于文学意义上的有所感触罢了。1922 年 6 月 6 日，胡适曾在日记中写了一首诗，来纪念这次面晤，诗云：

有感

咬不开，捶不碎的核儿，
关不住核儿里的一点生意；
百尺的宫墙，千年的礼教，
锁不住一个少年的心！

胡适晚年存照
1959 年 12 月，在台中雾峰故宫博物院校录古籍。

据庄士敦回忆，1924 年 3 月 27 日，胡适又一次进宫见溥仪。不过，此次见面为时甚短，胡适也没有将其记录于日记之中。半年之后，百尺宫墙内外，却又横生剧变。这一次，胡适再次因为溥仪，被社会各界舆论推到了峰口浪尖，即使新派知识分子阵营内部也对其横加指责了。

原来，1924 年 10 月，冯玉祥率国民军发动“北京政变”，解散国会，软禁了贿选总统曹锟，由黄郛代行国务总理，组成摄政内阁。11 月 5 日，内阁强行修正了清室优待条件，没收清宫，永远废除皇帝尊号，并把溥仪的小朝廷赶出紫禁城，限当天全部搬出。

1924 年 11 月 5 日下午，已经两次进宫见过溥仪，对这位逊位皇帝印象并不算坏的胡适，突然听闻了冯玉祥兵占故宫的消息。他为之愤愤不平，当即给内阁外交总长王正廷写信，抗议民国军队以强暴蛮横的姿态驱逐逊帝，背弃了早已签订的《清室优待协议》，强调说这一事件实为“民国史上的一件最不名誉的事”。他要为那为百尺宫墙内的寂寞少年鸣不平、讨公道、要说法，在信中慷慨陈辞如下：

儒堂先生：

先生知道我是一个爱说公道话的人，今天我要向先生们组织的政府提出几句抗议的话。今日下午外间纷纷传说冯军包围清宫，逐去清帝；我初不信，后来打听，才知道是真事。我是不赞成清室保存帝号的，但清室的优待乃是一种国际的信义，条约的关系。条约可以修正，可以废止，但堂堂的民国，欺人之弱，乘人之丧，以强暴行之，这真是民国史上的一件最不名誉的事。今清帝既已出宫，清宫既已归冯军把守，我很盼望先生们组织的政府对于下列的几项事能有较满人意的办法：

（一）清帝及其眷属的安全。

（二）清宫故物应由民国正式接收，仿日本保存古物的办法，由国家宣告为“国宝”，永远保存，切不可任军人政客趁火打劫。

（三）民国对于此项宝物及其他清室财产，应公平估价，给与代价，指定的款，分年付与，以为清室养赡之资。

我对于此次政变，还不曾说过话，今天感于一时的冲动，不敢不说几句不中听的话。倘见着膺白先生，我盼望先生把此信给他看看。

胡适敬上 十三，十一，五

胡适的这封信，刊载于 1924 年 11 月 9 日的北平《晨报》之上，直截了当地成了公开反对政府、支持清室的“话柄”。一时舆论大哗，对胡适口诛笔伐接踵而至，大有人人得而诛之的架式了。

胡适的友人们也纷纷致信，痛陈其谬，规劝其纠正观念，应当支持驱逐溥仪、没收清宫。当时与胡适在“新文学运动”中关系颇为密切的周作人，来信表明其反对意见：“这次的事从我们秀才似的迂阔的头脑去判断，或者可以说是不甚合于‘仁义’，不是绅士的行为，但以经过二十年拖辫子的痛苦的生活，受过革命及复辟的恐怖的经验的个人的眼光来看，我觉得这乃是极自然极正当的事，虽然说不上是历史上的荣誉，但也决不是污点，在这一点上我觉得不能和你同意。”

北大教授李书华、李宗侗联名致信胡适，信中明确质疑了胡适的公开信，直接指出：“我们读了这段新闻以后，觉得非常骇异，这种议论，若出于‘清

胡适 69 岁存照

1960 年 9 月摄，逝世后成为其肖像纪念照。

李宗侗像 辑自《故宫周刊》

室臣仆变为民国官吏’的一般人，或其他‘与清室有关系’的一般人之口中，当然不足为怪，但是一个新文化的领袖，新思想的代表，竟然发表这样论调，真是出乎我们意料之外。”

在一片反对声浪中，胡适并没有退让与避嫌之意，他始终强调“民国的要素，在于容忍对方的言论自由”，他始终坚持在公开信中的观点与主张，要求政府遵守契约精神，善待清室与故宫资产。在此之后两年间，康有为四处游说欲请溥仪还宫，章太炎坚请政府拒还故宫等，都还可以看作胡适这封公开信所衍生的争端种种。当然，胡适这场“冒天下之大不韪”的论争，终究还是以溥仪迁居、故宫国有而告终，但善待国民遗产、慎管故宫古物的动议，多多少少还是对当局起到了鞭策、触动、监督的作用。当时写联名信抗议胡适的李宗侗，后来就成为故宫文物的清理与保护者。他在 1926 至 1933 年间任故宫博物院秘书长，参与故宫文物清理和接收；抗日战争期间，又护送故宫文物南迁宁沪和重庆；1948 年故宫文物迁台，参与清点整理，设立故宫博物院，安顿国宝。

显而易见，胡适与故宫的机缘，虽因末代皇帝溥仪的召见而悄然开启，却并未因其迁离故宫而终结。胡适善待国民遗产、慎管故宫古物的精神，以及其中所寄予的那份对历史之同情，不但伴随其人其思终生，也潜移默化地影响着海峡两岸的后世学者。

钱玄同：祝贺皇帝变平民

钱玄同（1887—1939）

调侃归于调侃，钱玄同除了表示对“逼宫”事件的支持之外，似乎并无别的什么更进一步的想法了。可溥仪离宫之后，当局随即组建“清室善后委员会”，其核心任务即是开始对收归为“国产”的故宫进行清查。钱玄同也在受邀参与“点查”的学者队伍之中，这恐怕是他始料未及的罢。

钱玄同（1887—1939）与故宫，似乎瓜葛不大，了无关系。因为钱玄同自号“疑古”，是“新文化运动”中最为坚决反对各类复古主张的先锋式人物。他主张破坏过去的一切，诸如汉字书写费时应当取消，线装书应扔进茅厕坑，四十岁的人应该枪毙，等等。故宫于他而言，不啻于一个巨大的“古董”，等同于一处标榜“复古”的超级工程，他对此应当不会有什么兴趣，甚至于会极端反感。但未曾想，他与故宫的因缘，却正缘起于这份极端的反感之中。

1924 年冯玉祥“逼宫”事件爆发，溥仪被迫逃出宫外，一时间，舆论大哗，各种立场、各种意见的声音此起彼伏。“新文化运动”阵营中，钱玄同第一个站出来拍手称快。溥仪被赶出故宫之后半个月，他就在周作人等主办的

《语丝》创刊号上（1924 年 11 月 17 日），发表了《恭贺爱新觉罗·溥仪君迁升之喜并祝进步》一文。此文可看作是一封写给溥仪的公开信，且“恭贺”二字的出现，是摆明要庆祝溥仪被赶出故宫这一事件的。末代皇帝被大学教授公开调侃，这还真可谓大清国建国三百年来头一遭罢。且看钱玄同是怎么写的，原文转录如下：

> 人，总应该堂堂地做一个人，保持他的人格，享有他的人权，这才是幸福，一个人要是沦为强盗，瘪三，青皮，痞棍，土豪，地主，王爷，皇帝等等，他们的生活方面虽大有贫富苦乐的不同，但其丧却人的地位则完全一致，我认为这都是些不幸的人们。这比人们因为自己不幸而丧却人的地位……于是便不能完全享有人权，于是常常要做出许多没有人格的事来，于是好好的人们便要遭他的损害，于是他便被好好的人们所敌视了。
>
> 张三要损害李四，李四敌视张三，向他决斗，这是极正当的防卫，丝毫无可非议，所以一切革命反抗（不幸的人们称为“犯上作乱”）的行动，都是绝对不错的。但是再进一步想，敌人原来也是朋友！只因他一念之差以至做了不够人格的事，别人固然遭了他的损害，他自己也是很不幸！奋斗的时候，固然应该毁灭他的武器；但武器毁灭以后，还应该救济他：恢复他固有的人格和人权。据说一千九百多年以前有一个木厂子里的少掌柜的叫人们要爱敌人，他的理由怎样，且不去管它，我用断章取义的办法，很赞同这句话；但我以为在敌人有武器的时候是不应该爱他的，到了敌人的武器毁灭以后便应该爱他，爱他的第一步便是恢复他固有的人格和人权。
>
> 北京城里有一位十九岁的青年，他姓爱新觉罗，名溥仪，这人便是上列各种丧却人的地位的不幸人之一。原来他的祖宗在三百年以前不幸沦入帝籍，做了皇帝，不克厕于编户齐民之列。他家父传子，子传孙，传了好几代，经了三百多年，干了许多

对不住人的事体。到了十三年前，有些明白的人们起来向他家奋斗，居然把他家的武器毁灭了。但是还给这位青年留下那个极不名誉的名目叫做“皇帝”的，而且还任他住在一个不是住家的房子里，还任一班不要脸的东西常常弯了腿装矮子去逗他笑，低下脑袋瓜儿扮成叩头虫的模样去逗他玩，以至于把这位年龄已经到了应该在初级中学毕业的时候的青年，弄到他终日如醉如痴，成了一个傻哥儿；他在七年前还被那班不要脸的东西簇拥到外面来胡闹了一回，险些又要恢复那毁灭了的旧武器，再来做对不住人的事体。他弄到这样的地步，真是他的大不幸。你想，咱们可以自由住居，自由行动，为什么他不可以？咱们家的子弟可以入学校，得到相当的知识和技能，为什么他不可以？咱们可以得到选举和被选举的资格，为什么他不可以？在北京说北京，咱们的原籍无论是否北京，只要在北京住居几年以上，便可以得到北京市民的参政权，他家自从一六四四年到北京以来，到现在整整地二百八十年了，为什么他还得不到北京市民的参政权？他这样的不幸，不消说得，便是“皇帝”这名目害了他。“皇帝”这名目之不名誉，固与“青皮、瘪三”等等相同；而他的称号，“皇帝”之上还有“大清宣统”四字，这又好比青皮瘪三有那些“四眼狗，独眼龙，烂脚阿二，缺嘴老四”等等绰号一般。青皮瘪三改邪归正之后，总得好好地取一个平常人的名字：若仍旧称为“四眼狗”等等，怎能怪人家厌恶他，歧视他？（况且保存这种绰号，实在也真有些危险，因为他可以借此再做青皮瘪三）由是可知十三年以前毁灭他的武器而留下“皇帝”这个名目给他，真是不彻底的办法，不但他有时要借此胡闹，弄得咱们受累，并且使他因此而不克恢复他固有的人格和人权。咱们也实在对不住他。

这几年来，我常常对人家说，我很希望这位十九岁的青年肯力图向上，不甘永沦帝籍，自动地废除帝号，刻这样一个名片：

前面是：爱新觉罗·溥仪　京兆

后面是：Mr.P.Y.Aishingiolo　　Peking

以表示超出帝籍，上厕于民国国民之列。但我这希望终于希望而已。

现在爱新觉罗·溥仪君自己虽然还未觉悟，未能自动的起拔自己，而有冯玉祥君、黄郛君、鹿钟麟君、张璧君等居然依了李石曾先生等明白人的建议，于一九二四年十一月五日派了人去劝告爱新觉罗·溥仪君，“大清宣统帝从即日起，永远废除皇帝尊号；与中华民国国民在法律上享有同等之权利”；“清室应按照原‘优待条件’第三条，即日移出宫禁，以后得自由选择住居”。爱新觉罗·溥仪君一一照办，立刻搬出那“不是住家的房子”而回到他的本生的老太爷的府上去住了。

好了好了！爱新觉罗·溥仪君从此超出帝籍，恢复他固有的人格和人权了！爱新觉罗·溥仪君！我很诚恳地向您道喜：“恭喜恭喜！恭喜您超升啦！”

我对于爱新觉罗·溥仪君还要说几句祝望的话：您虽然是一位十九岁的青年，可是您以前处在一个很不幸的环境里，成日价和那班不要脸的假矮子假叩头虫鬼混，读那些于您不但无用而且有害的书如《尚书》之类，您的知识和技能大概要比一般的中学生差些吧。这不必讳言，也无须追悔。“往者不可谏，来者犹可追”。我听人说，您在那不幸的环境里，居然爱看《新青年》，《晨报副镌》，康白情的《草儿》和俞平伯的《冬夜》之类，我觉得您还是一位有希望的青年。我祝望您：从今以后，可以好好地补习些初中程度的科学常识，选读几部白话文学的作品；过了一两年之后，大可去考高级中学或大学预科；将来更可上外国去留学，把您自己造就成一个知识丰富学问深造的人，您的幸福可就不可限量啦。您的先德玄烨先生在二百年以前的皇帝队里，总算是留心学问的人了，但是就现代的平民看来，他的学问也及不过尔耳；您如今已经超升为现代的平民了，您肯用功上进，将来必定“跨灶”，这是无疑的。还有一层，听说您已经结婚了，而且因为您以前在那不幸的环境里，听说您已经有了姨太太了。咱们姑且成事不说，您既已结婚,便应该了解两性的关系,我现在要介绍两部好书给您：一部是ㄎㄚㄆㄣㄊㄜ的《爱的成年》，一部是ㄙㄊㄜㄆㄙ的《结婚的爱》。至于二十四史里的《皇后传》《外戚传》之类，于您不但毫无用处，而且还大有害处，我劝您别去看它才好！

1924 年 11 月 6 日

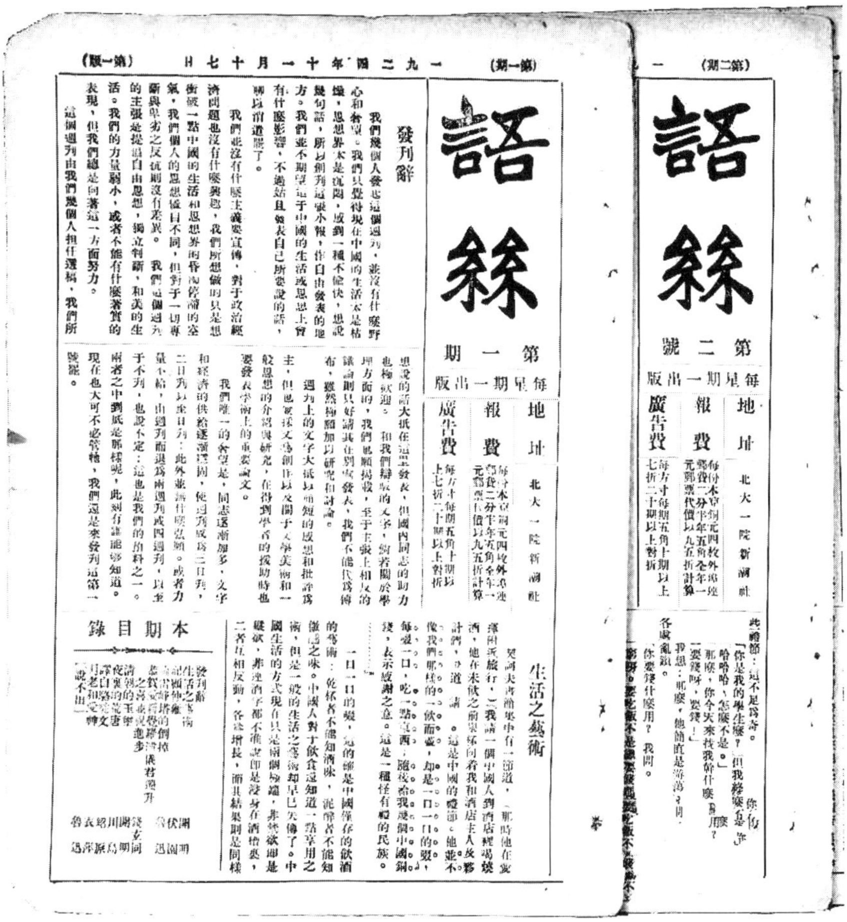
一九二四年十一月十七日 （第一版）

（第一期）

語絲

第一期

每星期一出版

地址 北大一院新潮社

報費 每份大洋銅元四枚外埠連郵費二分半年五角全年一元郵票代價以九五折計算

廣告費 每方寸每期五角十期以上七折二十期以上對折

發刊辭

我們幾個人發起這個週刊，並沒有什麼野心和奢望。我們只覺得現在中國的生活太是枯燥，思想界太是沉悶，感到一種不愉快，想說幾句話，所以創刊這張小報，作自由發表的地方。我們並不期望這于中國的生活或思想上會有什麼影響，不過姑且發表自己所要說的話，聊以消遣罷了。

我們並沒有什麼主義要宣傳，對于政治經濟問題也沒有什麼興趣，我們所想做的只是想衝破一點中國的生活和思想界的昏濁停滯的空氣。我們個人的思想儘自不同，但對于一切專斷與卑劣之反抗則沒有差異。我們這個週刊的主張是提倡自由思想，獨立判斷，和美的生活。我們的力量弱小，或者不能有什麼著實的表現，但我們總是向著這一方面努力。

這個週刊由我們幾個人擔任撰稿，我們所想說的話大抵在這裏發表，但國內同志的助力也極歡迎。和我們辯駁的文字，倘若關於學理方面的，我們也願揭載，至于主張上相反的議論則只好請其在別處發表，我們不能代為傳佈，雖然極願加以研究和討論。

週刊上的文字大抵以簡短的感想和批評為主，但也兼采文藝創作以及關于文學美術和一般思想的介紹與研究，在得到學者的援助時也要發表學術上的重要論文。

我們唯一的希望是，同志逐漸加多，文字和經濟的供給逐漸寬裕，使週刊成為三日刊，二日刊以至日刊：此外並無什麼弘願。或者力量不給，由週刊而退為兩週刊或四週刊，以至于不刊，也說不定：這也是我們的預料之一。兩者之中到底是那樣呢，此刻有誰能夠知道。現在也大可不必管牠，我們還是來發刊這第一號罷。

本期目錄

生活之藝術

（第二期）

語絲

第二號

每星期一出版

地址 北大一院新潮社

報費 每份大洋銅元四枚外埠連郵費二分半年五角全年一元郵票代價以九五折計算

廣告費 每方寸每期五角十期以上七折二十期以上對折

《语丝》杂志

1924 年 11 月 17 日创刊，钱玄同《恭贺爱新觉罗 • 溥仪君迁升之喜并祝进步》即刊载之上。

本就在辛亥革命之后宣布退位了的溥仪，在钱玄同看来，理应尽早从“龙椅”上走下来，理应尽快地成为中华民国国民才对。为此，“逼宫”事件,于溥仪而言并不可怕，反倒可视作恢复溥仪人权、重得人身自由的重要事件，他也因此要向其道贺。钱玄同认为独立人格和人权，远比一个子虚乌有的“皇帝”称号要重要得多；且经历过袁世凯、张勋复辟种种动荡，此刻溥仪的离宫而去，可以让中华民国的国民们安居乐业。

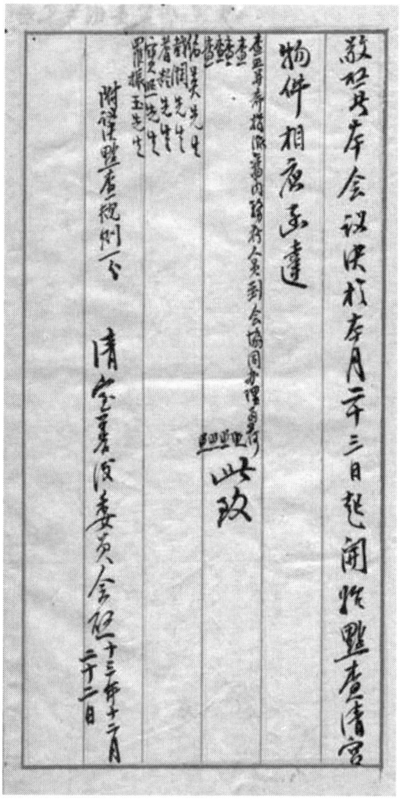

国务院准教育部提议清室物品及宫殿请归部保管、经国务会议议决应交委员会并案办理函

不仅如此，钱玄同也为少年溥仪指明了未来的人生方向，他还为其给出了幸福指南，称“一个人要是沦为强盗，瘪三，青皮，痞棍，土豪，地主，王爷，皇帝，他们的生活方面虽大有贫富苦乐的不同，但其丧却人的地位则完全一致，我认为这都是些不幸的人们”；“人，总应该堂堂地做一个人，保持他的人格，享有他的人权，这才是幸福”。此外，还对溥仪爱读书，爱文学表示赞赏与鼓励，一面还列了推荐书单，一面还张罗了名片设计方案。

当然，调侃归于调侃，钱玄同除了表示对“逼宫”事件的支持之外，似乎并无别的什么更进一步的想法了。他这一辈子，不可能与什么“皇权”沾边，恐怕也没有想过要与眼前这座已经没有了皇上主子的“故宫”有什么交道。可溥仪离宫之后，当局随即组建“清室善后委员会”，其核心任务即开始对收归为“国产”的故宫进行清查。清查包括清点宫内现有物品，并与宫内原有物品登记册一一查对，彻底查明故宫的“家底”。由于清查内

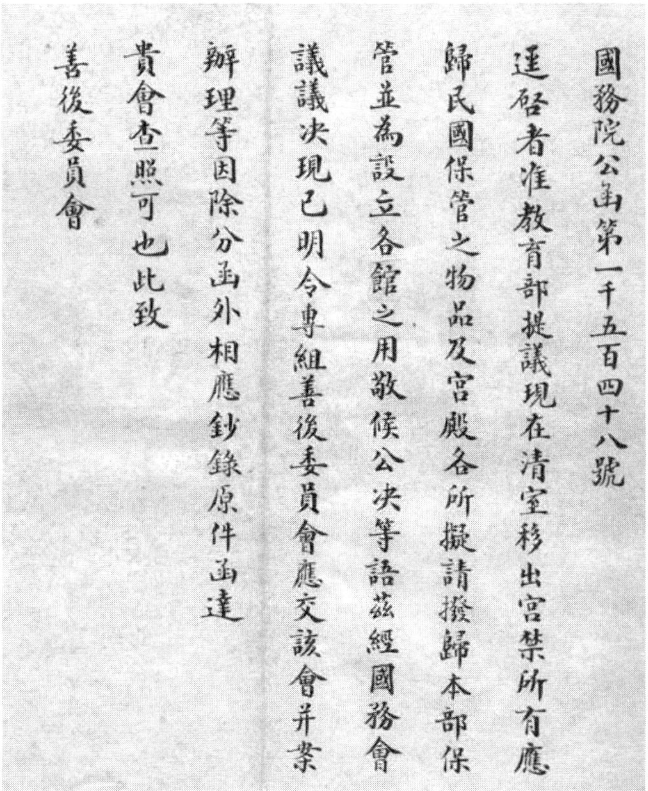

國務院公函第一千五百四十八號
逕啓者准教育部提議現在清室移出宮禁所有應歸民國保管之物品及宮殿各所擬請撥歸本部保管並為設立各館之用敬候公決等語茲經國務會議議決現已明令專組善後委員會應交該會并案辦理等因除分函外相應鈔錄原件函達
貴會查照可也此致
善後委員會

清室善后委员会函

委员绍英等通告开始点查日期，1924 年 12 月 22 日。

容涉及宫内各种珍宝与文物，所以又邀请教育部与内务部联合主持清查工作。钱玄同也在受邀参与“点查”的学者队伍之中，这恐怕是他始料未及的罢。

据《钱玄同日记》（北京大学出版社，2014 年）来看，他第一次进入故宫并关注到古物遗存近况的时间，是 1915 年 1 月 2 日。这一天是新年第二天，他偕长子“秉雄进东华门，游清三殿，又至武英殿，看古物陈列所中器物，只有瓷器、漆器及字画笔墨数种而已，其他概未之见”，感叹“岂尽于此乎？抑未移尽乎？抑残留此数乎”。显然，钱玄同对初次所见的故宫古物陈列之数量与质量，都是有疑问的；他为此在日记中连发三问，颇有难以置信之意。第二年，即 1916 年元旦这一天，钱玄同又去观赏了故宫古物，

清室善后委员会同仁进行点查工作的情景　1925 年

这一次陈列品中增添了一些古代青铜器，但他认为“色泽似不甚旧，恐什九皆赝器也”。看来，他对故宫所藏古物是有着自己的判断与预期的，那些对普通民众公开展览的古物，激发不了他的兴趣，他觉得这些随意拣选的陈列品价值并不算高，甚至还有赝品。在此后的七年间，他没有再在日记中提到“故宫”二字及相关内容。

1923 年 6 月 26 日，钱玄同日记中记载了一次故宫失火的情况。他写道：“因天气热，困不着，起，见东北角红光烛天，不知何事？次日看报始知清宫大火，而溥仪辈要守他们的什么臭规矩，将神武门紧闭，故延烧二三点钟云，哈哈！”看来，他对故宫火灾完全抱着幸灾乐祸的态度，对逊位的溥仪仍盘踞宫中颇为不满，对故宫中的古物遗宝并没有太多的关注之情。

可见，钱玄同对故宫点查工作，开始的确并不热情高涨，甚至还有消极应付的意味。但能进宫翻拣历代文献及古物，有机会近距离接触那些品

清室善后委员会同仁进入交泰殿点差前合影
1925 年 1 月 3 日摄

级较高的文物，对于专攻古文字学研究的钱玄同而言，可能还是有一定吸引力的罢。毕竟，在溥仪离宫之前，“大内”禁地并不是普通学者能涉足的地界，古物陈列所的设立也属于初级阶段，并没有真正展示故宫的宝藏；故宫里究竟有什么别具学术价值的文献与文物，恐怕仍是会让包括钱玄同在内的中国学者为之神往一番的罢。

1925 年 1 月 6 日，钱玄同与马幼渔一道吃午饭，听说在宫里发现了新莽时期的文物，便将这一消息记录在了日记中。在此之后，日记中关涉“故宫”的相关记载，虽不算多，但还在继续。不妨照录如下：

> 1 月 8 日，下午一时到清室善后委员会查点物件，我今天第二次到（十二月廿五日未去，一月一日放假），一到，云已派作组长，其实是杨遇夫，因他不到，我是候补者，便补缺了。查乾清宫三东屋之南炕有一箱玛瑙碗，有宋砚等，有三个空箱子，箱

中物当是庚子年洋鬼子拿去者。炕桌上有好几匣青玉，上刻的金字，那些狗屁诗赋之类。往往每一匣里缺了几片，内有签云“光绪二十六年八月初四日缺几页”。此必是洋鬼拿去及鬼子走后宫内人查点物件，遇有缺者，记此签也。四时毕事，回府。

2月12日，今日为溥仪退位之日，清室善后委员会放假。我本轮值，一个月未去也。今日又可豁免也。

2月19日，下午至清宫点查懋勤殿，中有百箱左右之奏表等等。今日点查了五箱。

2月25日，阅报知溥仪于前（廿三）晚由日本保护逃至天津。据《京报》所言，日人将利用之为满洲皇帝，以遂其吞并东三省之野心，使东三省为朝鲜第二。果尔，则非演三百年前之故事不可，建虏又要寇边。如要以七大恨告天，中国又要派袁崇焕，熊廷弼矣……

2月26日，因咳嗽，清宫未去。昨闻昭仁殿点查物件毕覆勘，忽少明版《玉台新咏》一部，究竟未知如何？难道真有临时偷东西的人吗？

3月5日，整理舍中书籍者竟日，清宫未去。

3月12日，昨得清……会来信，知今日我轮到做组长，那是非去不可。上午将师大讲义略略一检，检毕送出。正拟成行，忽闻有人打电话说师大放假。据之知中山于今晨九时三十九分逝世故也。想来清……会亦必放假。但电话打不通，只好姑去一次，到则果放假。

4月16日，上午出城至舍，知今日善心爷处又派做组长，非去不可。

十二时去，做第三组组长。组中除隅卿（摄影者）一人外皆不认得。点查如意轩，一间为厨房，无庸点查；一间堆了许许多多木板箱，点了两箱，皆雕漆器也（乾隆时物），其中有两箱五色墨（红黄蓝白绿），墨之一面刻一古装之人而上端书篆书“回氏”

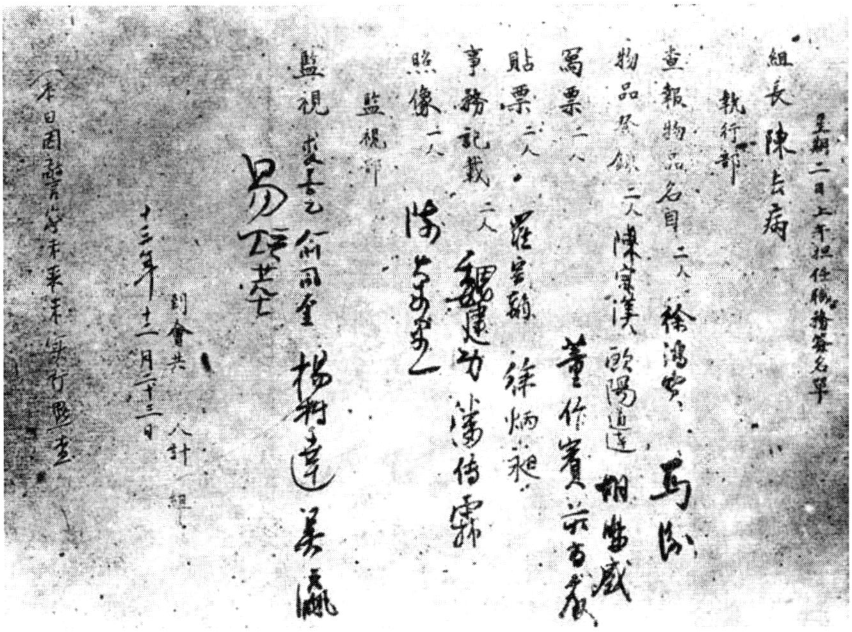

清室善后委员会第一次点查清宫物品出组单　1924 年 12 月 23 日

两字，不可解。四时出。

10 月 10 日，下午一时进城回府。二时至故宫博物院，挤得不得了，散氏盘今日方见之。出宫已六时许矣。

10 月 15 日，午乾清门摄影、赐宴。毕，至乐寿堂参观溥仪、其妻妾之涂鸦。五时出宫回府。

11 月 17 日，下午清宫做组长，养心殿。

1926 年

9 月 26 日，晨八时尚未定，苏甘来谈，谓大高殿中的丘八实在野蛮得狠，把他的东西任意拿走云。又曰今天奉军将使景山中之毅军缴械，神武门内空气甚为紧张云。八时顷，秉雄为其母至东笔市买笔，归言孔德迤北不通行（自三院门口至银闸），因今日张学良，韩麟春在孟公府吴光新家商改编毅军事也。

1930 年

10 月 11 日，上午至故宫博物院购新印之唐人写《月仪》。

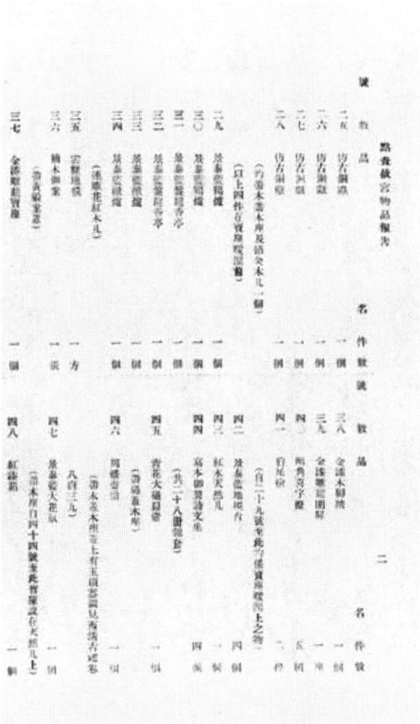

點查故宮物品報告　二

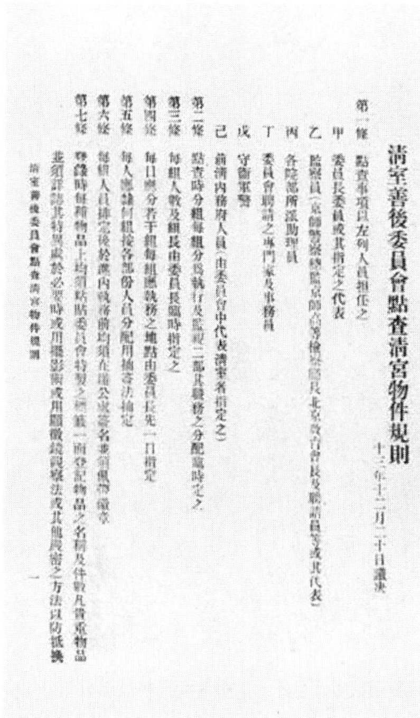

清室善後委員會點查清宮物件規則　十三年十二月二十日議決

第一條　點查事項以左列人員擔任之

甲　委員長委員或其指定之代表

乙　監察員（京師警察總監京師高等檢察廳長北京教育會長及職請員等或其代表）

丙　各院部所派助理員

丁　委員會聘請之專門家及事務員

戊　守衛軍警

己　前清內務府人員（由委員會中代表清室者指定之）

第二條　點查時分組每組分爲執行及監視二部其職務之分配臨時定之

第三條　每組人數及組長由委員長臨時指定之

第四條　每日應分若干組每組應執務之地點由委員長先一日指定

第五條　每人應隸何組及各部份人員分配用抽簽法抽定

第六條　每組人員排定後於該內執務前均須在辦公處簽名並須佩帶徽章

第七條　凡登錄時每種物品上均須粘貼委員會特製之標簽一面登記物品之名稱及件數凡貴重物品並須詳誌其特異處於必要時或用攝影術或用顯微鏡觀察法或其他周密之方法以防抵換

一

《故宫物品点查报告》

内载有文物名录及清室善后委员会点查清宫物件规则。

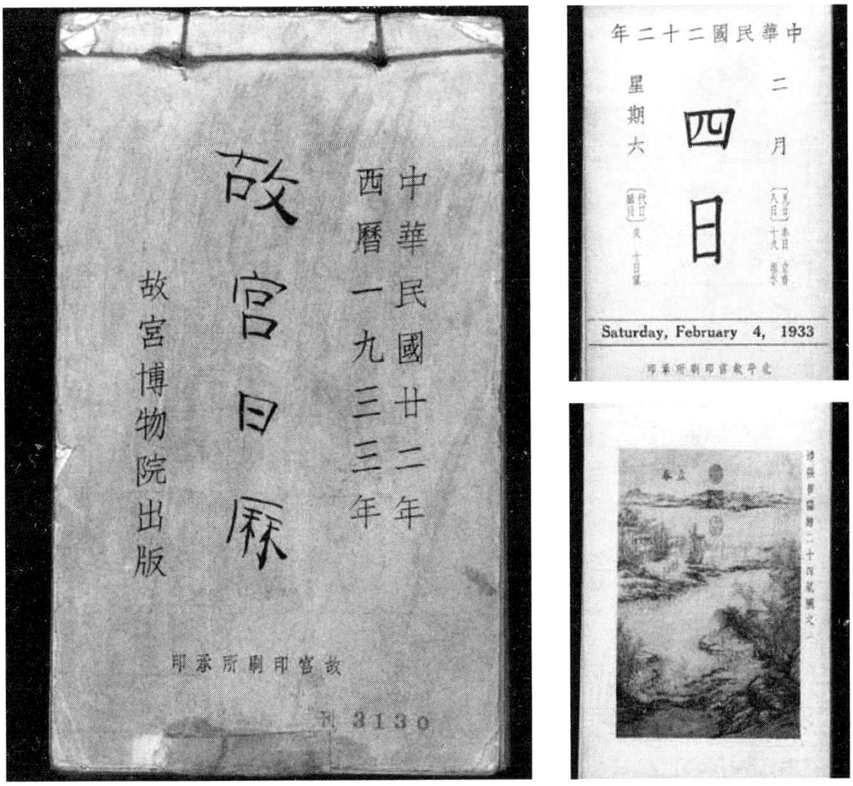

1933年的《故宫日历》封面、内页及封底

12月24日，午后至直隶书局购故宫月份牌，每日印一件故宫的宝物，共365件，很有意思，值一元七角。

1931年

1月7日，至商务，购得中央研究院之天文研究所所制之《周历》，以周为主，上有天文图，极精美，价一元，购二，一挂家，一挂孔。故宫是艺术的，此是科学的，甚有意思也。

据日记来看，钱玄同作为故宫点查工作小组成员之一，第一次赴故宫工作的时间原本应为1924年12月25日，但他因故并未到岗。他真正到岗，即第一次进入故宫工作的时间实为1925年1月8日，这一天的工作内容，也郑重其事地写入了日记。当天因杨遇夫（即杨树达，1885—1956）的缺席，

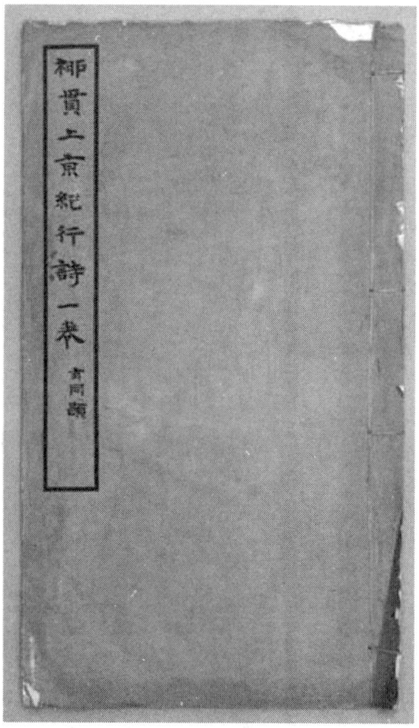

《柳贯上京纪行诗》钱玄同题笺

《永乐大典戏文三种》钱玄同扉页题笺

他还被派为组长，行监督点查之职。

须附带一提的是，钱玄同缺席第一次故宫点查的情形，尚可据单士元（1907—1998）的忆述来印证。据单士元忆述，他首次进入故宫进行点查工作时，“担任点查清宫文物的人在神武门集合，组长陈去病，负责查报物品名目的是徐鸣寅、马衡，负责写票的是董作宾、庄严，负责贴票的是罗亲汉、徐炳昶，事务记载是魏建功、潘传霖，‘照像’一人，还有裘善元、俞同奎、杨树达、吴瀛，易培基负责监视。一切准备工作就绪，只因为警察没有到场，那天没有查”（详参《单士元与紫禁城》，《文物天地》1994年第6期）。在单士元忆述中，第一次故宫点查工作的大致情形如此——行监督之职的杨树达在场，而钱玄同确实是缺席了的。当然，因为负责保安工作的警察没有到场，点查人员虽然就位，却并没有开展实际工作。

因点查组实行轮流负责制，钱玄同曾有四次轮到做组长。他首次被委派为组长的那次，故宫点查正式从乾清宫开始。从其日记来看，什么玛瑙碗、青玉片、宋砚之类，均未入其“法眼”。三个小时的点查，只是例行公事而已，并没有什么大不了的学术发现。第二次轮到做组长时，又恰逢放假，免司其职。但此时他对溥仪出逃至天津的事件，则极为敏感，准确预言了日军将利用溥仪长期霸占东三省的事实。第三次轮做组长时，恰值孙中山逝世，点查组放假暂停工作，这组长之职也就暂免。一个月后，第四次轮做组长，点查如意轩。

仅据其日记所载，在故宫博物院正式成立之前，钱玄同的故宫点查工作，从 1925 年 1 月到 4 月，共计三次，分别在乾清宫、懋勤殿、如意轩。只有在如意轩中点查到的两箱五色墨，让他略有兴趣，因为墨上刻着“回氏”二字，让这位章太炎弟子、古文字学专家也弄不明白了。据查，“回氏”即“墨神”的意思，乃中国传统思想中“万物有灵”的思想使然；原语自《说郛》卷三一，书中引《致虚杂俎》曰：“墨神曰回氏。”

钱玄同日记中提到的“大高殿”，即大高玄殿，是明清皇家道教古建筑，位于北京皇城之内，北海公园之东，景山之西，始建于明嘉靖二十一年（1542）。整个殿宇占地约 1.3 万平方米，总建筑面积约 5300 平方米，是明清时代规格极高、工艺精湛的宫廷宗教场所，在 1924 年溥仪离宫之后，即移交至清室善后委员会管辖，后又纳入故宫博物院管辖。但在 1926 年 9 月时，大高殿还并不属于故宫博物院直接管辖范围，直到北伐胜利之后，1928 年 10 月颁布《故宫博物院组织法》时，才被纳入博物院管辖范围之内。从钱玄同在日记中提到的情形来看，大高殿当时应是被奉系军队所控制，里边有驻军；而景山又为“毅军”（曾为清廷的主力陆军，之后被张学良收编）所控制。因此，在奉军与毅军的对峙中，故宫博物院所辖区域随时有战火之危。当时张学

单士元　摄于 20 世纪 30 年代

良所率的奉军，强力把持着这一区域，有军事管制的特权，虽然有战火之危，但局势尚能管控。日记中所记载的这一史实，也将为研究大高殿变迁历史提供佐证。

1930 年前后，钱玄同已基本不再参与故宫博物院相关工作了，但他对故宫博物院的出版物却表现出了浓厚兴趣。日记中提到了故宫月份牌与周历等，“月份牌”可能就是如今还在印行的《故宫日历》之早期版本。值得一提的是，1930 年 4 月，钱玄同还欣然挥毫，为故宫博物院图书馆出版物《柳贯上京纪行诗》题笺，并郑重题写了出版机构名称及出版时间。这可以视作他生前为故宫博物院——自己曾有过短暂工作经历的机构，所留下的最后一点纪念之痕迹罢。

此外，原本深藏于故宫的《永乐大典》卷一三九九一残本（原本现藏台湾）因清末战乱流散于海外，后来在英国被发现，由叶恭绰（1881—1968）于 1920 年购回中国。其内容为当时闻所未闻的、极其难得的宋元南戏剧本，备受学术界瞩目。1931 年 5 月，由北京大学马廉（1893—1935）等人发起的“古今小品书籍印行会”，将此卷校订排印为《永乐大典戏文三种》，作为马廉友人的钱玄同曾受邀为此书题笺，这或许也算是他与故宫的一点因缘使然罢。

周作人：谈虎谈龙谈奴气

周作人（1885—1967）

人生的戏剧性之剧烈，总是让人猝不及防地陷入前后矛盾的尴尬境地。如果说挑起“逼宫”事件的论战，还仅仅是拉开一段人生戏剧的序幕而已；那么，在“逼宫”事件18年后,周作人一生最重的“戏份”才悄然来临。此时，他摇身一变，不但从当年反日反帝的文化先锋变作了投日事伪的“文化巨奸”，而且还以伪教育总署督办的身份亲自拜见了溥仪。

周作人曾谈到其自选文集《谈虎集》的命名问题，称集中“这些小文，大抵有点得罪人得罪社会，觉得好像是踏了老虎尾巴，私心不免惴惴，大有色变之虑，这是我所以集名谈虎之由来，此外别无深意”。

在周作人自以为是“踏了老虎尾巴”的文章中，有一封写给末代皇帝溥仪的信，恐怕是最“得罪人”的一篇文字了。因为他于1924年11月30日写的这封信，又发表在了自己主办的《语丝》第四期之上，而此刻的溥仪被冯玉祥的军队赶出故宫之后，正偕同郑孝胥、陈宝琛二人，由醇王府仓惶逃往东交民巷日本使馆。在这个兵荒马乱的当口，给落荒而逃的“皇上”写一封调侃戏谑的公开信，且还是“贺信”，怎么看都有点“落井下石”的意味罢。在此转录信件原文，且看周作人是如何调侃被逼出宫的溥仪的。原文如下：

溥仪先生：

听我的朋友胡适之君说，知道你是一位爱好文学的青年，并且在两年前“就说要取消帝号，不受优待费”，思想也是颇开通的。我有几句话早想奉告，但是其时你还是坐在宫城下上谕，我又不知道写信给皇帝们是怎样写的，所以也就搁下；现在你已出宫了，我才能利用这半天的工夫写这一封信给你。

我先要跟着我的朋友钱玄同君给你道贺，贺你这回的出宫。这在你固然是偿了宿愿，很是愉快，在我们也一面满足了革命的心愿，一面又消除了对于你个人的歉仄。你坐在宫城里，我们不但怕要留为复辟的种子，也觉得革命事业因此还未完成；就你个人而言，把一个青年老是监禁在城堡里，又觉得心里很是不安。张国焘君住在卫戍司令部的优待室里，陈独秀君住在警察厅的优待室里，章太炎先生被优待在钱粮胡同，每月有五百元的优待费，但是大家千辛万苦的营救，要放他们出来，为什么呢？因为人们所要者是身体与思想之自由，并非“优待”——被优待即是失了自由了。你被圈禁在宫城里，连在马路上骑自行车的自由都没有，我们虽然不是直接负责，听了总很抱歉，现在你能够脱离这种羁绊生活，回到自由的天地里去，我们实在替你喜欢，而且自己也觉得心安了。

我很赞成钱君的意见，希望你补习一点功课，考入高中，毕业大学后再往外国留学。但我还有特别的意见，想对你说的，便是关于学问的种类问题，据我的愚见，你最好是往欧洲去研究希腊文学。替别人定研究的学科是很危险的事，因为与本人的性质与志趣未必一定相合，但是我也别有一种理由，说出来可以当作参考。中国人近来大讲东方文化，西方文化，然而专门研究某一种文化的人终于没有，所以都说的不得要领。所谓西方文化究竟

《谈虎集》 1928 年 1 月初版

以那一国为标准，东方文化究竟是中国还是印度为主呢？现代的情状固然重要，但更重要的似乎在推究一点上去，找寻他的来源。我想中国的，印度的，以及欧洲之根源的希腊的文化，都应该有专人研究，综合他们的结果，再行比较，才有议论的可能，一切转手的引证全是不可凭信。研究东方文化或者另有适当的人，至于希腊文化我想最好不如拜托足下了。文明本来是人生的必要的奢华，不是“自手至口”的人们所能造作的，我们必定要有碗够盛酒肉，才想到在碗上刻画几笔花，倘若终日在垃圾堆上拣煤粒，哪有工夫去做这些事，希腊的又似乎是最贵族的文明，在现在中国更不容易理解。中国穷人只顾拣煤核，阔人只顾搬钞票往外国银行里存放，知识阶级（当然不是全体）则奉了群众的牌位，预备作“应制”的诗文；实质上可吃的便是宝物，名目上是平民的便是圣旨，此外都不值一看。这也正是难怪的，大家还饿鬼似的在吞咽糟糠，哪里有工夫想到制造“嘉湖细点”，更不必说吃了不饱的茶食了。设法叫大家有饭吃，诚然是亟应进行的事，一面关于茶食的研究也很要紧，因为我们的希望是大家不但有饭而且还有能赏鉴茶食的一日。

想到这里，我便记起你来了，我想你至少该有了解那些精美的文明的可能——因为曾做过皇帝。我决不是在说笑话。俗语云，“做了皇帝想成仙”，制造文明实在就是求仙的气分，不过所成者是地位，所享者是尘世清福而已，这即是希腊的“神的人”的理想了。你正式的做了三年皇帝，又非正式做了十三年，到现在又愿意取消帝号，足见已饱厌南面的生活，尽有想成仙的资格，我劝告你去探检那地中海的仙岛，一定能够有很好的结果。我想你最好往英国或德国去留学，随后当然须往雅典一走，到了学成回国的时候，我们希望能够介绍你到北京大学来担任（或者还是创设）希腊文学的讲座。末了，我想申明一声，我当初是相信民族革命的人，换一句话即是主张排满的，但辛亥革命——尤其是今年取消帝号以后，对于满族的感情就很好了，而且有时还觉得满人比汉人更有好处，因为他较有大国民的态度，没有汉人中北方的家奴气与南方的西崽气。这是我个人的主观的话，我希望你不会打破我这个幻想罢。

1924年11月30日
周作人

再者，风便祈将台甫示及，以便称呼。又及。

追记：

这封信才写好，阅报知溥仪君已出奔日本使馆了。我不知道他出奔的理由，但总觉得十分残念。他随着英国人日本人这样的跑，结果于他没有什么好处——只有明白的汉人（有辫子的不算）是满人和他的友人，可惜他不知道。希望他还有从那些人的手里得到自由的日子，这封信仍旧发表。在别一方面，他们是外国人，他们对中国的幸灾乐祸是无怪的，我们何必空口同他们讲理呢？我们已经打破了大同的迷信，应该觉悟只有自己可靠……所可惜者中国国民内太多外国人耳。

12月1日添书

事实上，周作人是与钱玄同约好，先后致信溥仪，为其被迫离开故宫去“道贺”的。钱玄同写给溥仪的公开信《恭贺爱新觉罗·溥仪君迁升之喜并祝进步》，在《语丝》创刊号上一发表（1924年11月17日），周作人的《清朝的玉玺》一文同期刊发。紧接着，周作人的“道贺信”也写出来并发表了；二人一唱一和，为故宫从此成为中华民国的“国产”，为末代皇帝溥仪重获“自由”而拍手称快。其实，早在这封写给溥仪的“贺信”之前，周作人还于1924年11月9日给胡适去信，认为他批评冯玉祥军队“逼宫”是不对的。因为二人在“新文学运动”中所见略同，私交公谊都是不错的，所以写给胡适的这封信里，周作人的语气是和善舒缓的，善意提醒、耐心劝说的姿态是明显的。当时，胡适正因为公开致信当局，表达对“逼宫”事件的抗议而备受社会舆论批评；但无论是面对来自民众的批评，还是面对诸如周作人等友人的奉劝，胡适都坚持认为这一事件是“民国历史上最不名誉的事件”。

此刻，劝说胡适无果，又写信调侃溥仪，周作人仍然感到未能“尽兴”。于是，当年12月9日，他又在《京报副刊》第五号上发表《外国人与民心》一文。针对当时一些外国人称“废清帝号”是“中国要过激化”、“逼宫”事件是中国人又将远离文明社会的新表现之一等说法，周作人予以坚决反

周作人、胡适、蒋梦麟等与日本学者团合影
摄于1924年1月，北京大学二院中日学术协会会议期间。

击，他指出“此废帝号之举实出于民族革命的旧思想，新且未必，遑论激哉”；他强调“我们决不相信中国民心的真相会发现于外国的机关报之上，他们所谓民心者只是顺民与西崽的话，承主人之意旨而照说者耳”。12月27日，他又在《京报副刊》第二十一号上发表《听说商会要皇帝》一文，更为强烈地讽刺与抨击了国内的“奴气”与“复辟”诉求：“北京市民是中国人家奴气最十足而人气最少的东西，他们要是没有‘主子’在上头，是天也不会亮的；他们之被强迫为民国人民实在是很委屈的，真真是对不起的。”

看来，劝说胡适与调侃溥仪的周作人，还有着温文尔雅的一面；但在面对“外国人与民心”时，就有点气不打一处来的架式了。他对民国建立十余年之后，外国势力对中国内政的干扰，以及国内民众的“奴气”之重，是深感忧愤的。“逼宫”事件在他看来，恰恰反映着中国社会深重的政治与文化危机，与其争论逼走一位末代皇帝是否“合法”，不如来思考如何逼走中国人骨子里的“奴气”与外来势力的“霸气”。他继续“借题发挥”，一支笔搅动着故宫之外的故国新民，大有开门迎接各方论战的气势了。

果不其然，12 月 30 日,《京报副刊》登载了班延兆的文章《读“听说商会要皇帝”后》。该文与周作人针锋相对，认为呈请恢复清室优待条件不能说明北京市民的“奴气”十足，恰恰相反，这是国民思想进步，追求法治公平的体现。当天看到报纸的周作人，旋即撰写《答班延兆先生》一文，更为激烈地批评了北京市民，称“复辟时的欢欣，溥仪出宫的悲愤——已经足够证明奴气之深了”；甚至还说出了相当意气用事的话语，称“我们还主张仇满，主张报“扬州十日嘉定三屠”之仇呢”。

周作人的《答班延兆先生》写于 1924 年末，1925 年 1 月 4 日即发表在了《京报副刊》第二十六号上，论战还将在新的一年中继续。也就是在 1925 年元旦那天，周作人又写了一篇《介绍日本人的怪论》，转而开始批评日本人对溥仪的同情。这篇文章是译录了日本《东洋文化》第十一号所转载的日文报《上海》原刊《清室之废号迁宫》一文，在译介此文的同时，周作人又加了批语，抨击该文说清室废号迁宫即指示着“民国末路愈甚”之怪论，认为这是日本人干涉中国内政的无知与无稽之谈。这篇文章于 1 月 6 日，发表在了《京报副刊》第二十八号上。与此同时，在自己主办的《语丝》上,周作人则发表了《元旦试笔》一文。该文明确宣称“我的思想到今年又回到民族主义上来了”，并再次以“逼宫”事件为例，来说明“五四时代我正梦想着世界主义，讲过许多迂远的话，去年春间收小范围，修改为亚洲主义，及清室废号迁宫以后，遗老遗少以及日英帝国的浪人兴风作浪，诡计阴谋至今未已，我于是又悟出自己之迂腐，觉得民国根基还未稳固，现在须得实事求是，从民族主义做起才好”。

应当说，一直以来对日本文化极富好感并颇为认同的周作人，当“逼宫”事件出现，当他敏锐地感觉到日本势力的悄然渗入之后，他明确站在民族主义立场之上，对外来势力干涉中国内政表现出了极为坚决的排斥态度。这一反常态的表现，在周作人一生之中是极为少见的；这对于终生亲

溥仪与日本军方官员合影

近日本文化与文学的他而言，不啻于一场突如其来的“激变”。如此看来，一座故宫所牵系的国事、家事、文事，竟如此之繁复多变，恐怕还真不是历史局中局的外人能一并了解的罢。

无论如何，周作人都态度鲜明地反对各方势力对“逼宫”事件加以利用，对外来势力尤其是日本势力的渗入，更为敏感与反感。当年 1 月 13 日，他又在《京报副刊》第三十五号上发表《“日本人的怪论”书后》一文，再次抨击日本《东洋文化》杂志上的《清室之废号迁宫》一文，再次强调“日本人要自省，这样的侮辱他人结果就是自侮”。

周作人对“逼宫”事件的态度如此鲜明与坚决，也间接影响到了身边的亲友，其子周丰一就深受感染。并不专事写作，也很少撰文发表的周丰一，在其父“逼宫”论战十年之后，于 1935 年 4 月 1 日在北平《世界日报》发表了《太监》一文，篇幅不长，却颇得其父笔法，娓娓道来之中笔锋凌厉。文章开篇即语“中国从帝王时代变成共和国以来，那些镇日服侍宫内的太监便失去了恩宠而作了中华民国的平民了”，可谓开宗明义。文中还描述了太监“退休”之后的生活情形，有“蹓鸟”的也有“推土车”的，不禁感慨道：“虽然他们已经是一个废人，但是曾有过相当的物质生活去满足他们，又有皇帝的恩惠赐与他们，于是他们便忘了虽身为一男人而实在不如一只狗。”这虽是题外话，却足见周氏文风与家风之一贯罢。

言归正传。也应当看到，在这场“逼宫”事件合法、合理、合情与否的论战中，周作人表现出了极为强烈激奋的一面，这让熟悉其人其文的后世读者们，多少是有些诧异的。因为，这与周作人一贯以冲淡闲适的风格名世的那种笔法，是大相径庭、判若两人的。换句话说，一向沉稳有加的他，似乎从未有过如此激动的时刻；此刻的周作人，更像是那个以杂文作“标枪”的兄长周树人了。但俗话说“人生如戏”，人生的戏剧性之剧烈，总是让人猝不及防地陷入前后矛盾的尴尬境地之中。如果说挑起“逼宫”事件的论战，还仅仅是拉开一段人生戏剧的序幕而已；那么，在“逼宫”事件十八年后，周作人一生最重的“戏份”才悄然来临。此时，他摇身一变，不但从当年反日反帝的文化先锋变作了投日事伪的“文化巨奸”，而且还以伪教育总署督办的身份亲自拜见了溥仪。

原来，1937 年“七七”事变之后，北平各大高校的师生纷纷撤离，一部分去了西安，一部分去了昆明。而国难声中，周作人却不愿撤离北平，依旧留守北京大学。1937 年 7 月 30 日，日军侵占北平；同年 12 月，伪华北临时政府在北平成立。周作人选择了投日事伪，于 1938 年 5 月出任伪国立北京大学总监督，并一路高升，直至升任伪教育总署督办。1942 年 5 月，为庆祝伪“满洲帝国”十周年纪念，周作人随同汪精卫赴伪满访问，在当时的新京、

周作人苦雨斋中存照及签名，
原载于《书人》月刊创刊号(1937 年 1 月 1 日)。

今日的长春，周作人同汪精卫前去拜见伪满洲国傀儡皇帝溥仪。

周作人出席“东亚文化协议会第八次评议员会”存照 1943 年 11 月

据《伪满宫廷秘录》(吉林文史出版社，1993 年)记载，1942 年 5 月 7 日，伪中华民国政府主席汪精卫访问伪满洲国。随汪精卫来访的有：汪伪政府的外交部部长褚民谊、参谋总长杨揆一、宣传部长林伯生、教育总署督办周作人、行政院侨务委员会委员长兼经济委员会秘书陈君慧、航空署署长陈昌祖、外交部政务次长周隆庠、中央医院院长罗广霖、行政院秘书曹宗阴、外交部亚洲司司长薛逢元、外交部总务司司长陈国丰、宣传部参事钟任寿、外交部交际科长徐义宗、外交部专员汪锦元，及汪伪国民政府最高军事顾问日本陆军少将影佐、首席顾问海军少将寺冈等，下榻于满业公馆和大和旅馆。

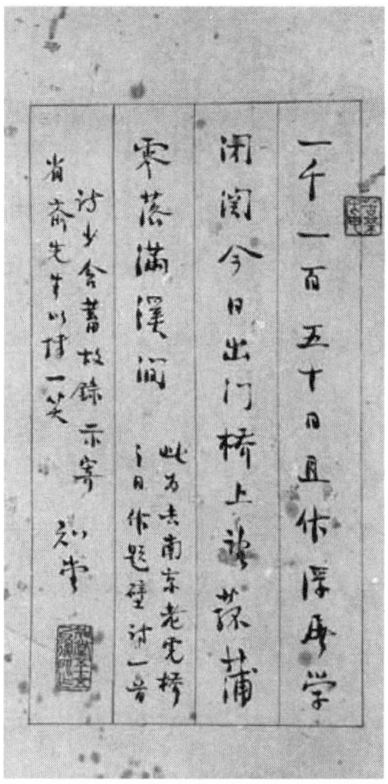

周作人作于南京老虎桥狱中之题壁诗

《溥仪外记》(吉林文史出版社，1987 年)则更为详尽地记载了这些汪伪政府要员拜见溥仪的细节。文中指出了时间为 1942 年 5 月 8 日上午 9 时，并对当时的情景做了记述。“四辆红色摩托车导引着二十几辆黑色轿车，经兴运路，驶进莱勋门，停在兴运门外”，“西便殿内，溥仪端坐在金龙屏风前的菊花御座上。在他左、右侧的国玺、玉玺台上放着玉制的国玺和碧绿色玉玺”。那么，曾在十八年前写过《清朝的玉玺》，十六年前还写过《谨论清宫宝物》的周作人，曾批判民众“迷信玉玺”的落后的国民性，又曾针对传闻“大批清宫宝物落入日人之手”而问责于段祺瑞政府的周作人，此刻却在日本军车的护送下，在其傀儡政权——伪满洲国的宫殿中，见着了这些国宝重器，真不知应作何感想？其实，周作人也是第一次见溥仪，这位被他教训过的伪满洲国皇帝，此刻就端坐于“龙椅”之上，此情此景，又该作何感想？此一时彼一时的莫名难堪，悔不当初的权衡得失之心，恐怕多少都是会有一点的罢。中午时分，溥仪就在嘉乐殿内设欢迎宴会，宴请汪伪政府要员一行，周作人当然也是能得到“御酒”一杯的了。1943 年 5 月 8 日，溥仪为汪精卫等访问伪满一周年赠勋，还特别赠予教育总署督办周作人一枚“柱国章”。

于周作人而言，最富戏剧性的画面就此悄然开启：那个曾被他公开调侃，并用以反讽国人“奴气”的末代皇帝，此刻却成了为其授勋、论功行赏的中国主子。当年高呼“日本人要自省，这样的侮辱他人结果就是自侮”的他，面对悍然侵占华北的日军铁蹄，却不得不以“自侮”的方式保全身家性命。当然，他最终更因此领受“汉奸罪”的审判，这真是意想不到的变局，更是因缘莫测的吊诡。人生如此戏剧，历史如此反讽——即使像周作人这样似乎一生冲淡无欲的美文作者，也莫名其妙地逡巡于这一座曾经掌控着国家最高权力的故宫内外，自觉或不自觉地，演绎着各种关涉人心世道、民气国运的文化疑案哩。

陈列《四库全书》的文渊阁内景　摄于20世纪初

沈兼士：乱档堆中觅真知

沈兼士（1887—1947）

他将故宫巨量的“大内档案”条分缕析、分门别类，将之重整为可查阅、可索引、可研究的，极具第一手资料价值的宝贵资源，使之从“废纸堆”化身为“学术富矿”。同时代学者诸如陈垣、陈寅恪、胡适、顾颉刚等，莫不因之得到研究便利，也因之在明清史研究方面，水到渠成、结出硕果。即使普通游客与参观者，也莫不为精心的陈列布置、生动形象的档案展示所吸引……

1935 年 9 月 10 日至 23 日，北平《世界日报》以十一次连载的巨大篇幅，推出沈兼士专访报道。报道首日的标题摘要中即有“故宫整理文献工作大功已告成”字样，可见在参与整理故宫所藏浩若烟海的文献中，沈是核心人物之一。因资料难得，酌加整理，将关涉故宫的部分转录如下：

他研究文字学是用新的方法　故宫整理文献工作大功已告成

……民国十三年，清室善后委员会接收故宫，沈氏担任整理文献方面的工作，最近已将数百年凌乱的文案，用科学的方法整理出来，而为学术界研究的新资料，这些伟大繁重的工作，都是沈氏领导的。所以我决定去访问他，请他发表些工作的经过同意见。……阍者引我到客厅等待，我想他一定从门外进来，那知当我凝视着墙壁悬挂的字画时，沈氏便从里间出来了。一个高的身量，同强壮的体格，却使我出乎意料之外。当我没有会见他以前，我理想中的沈氏，应该有迂腐的气派，或者还许有些傲慢的神气，那知他的谦和同振作的精神，反倒使我惊讶。我们寒喧了几句后，我便将来意说明，并且因为他有事情，只能先谈半小时，约定了一个时间再继续谈话。

整理故宫档案工作极为繁重　沈对整理方法举出错误多点

民国十三年清室善后委员会接收清宫，沈氏便想将档案整理工作，扩充到故宫，因为故宫里的档案，多半是内务府的，对于清代入关以来满朝的制度，帝制的组织，宫中的度支，包藏甚多。还有一部分内阁大库的，自然都是把清代的内政详细记载。所以那些档案，是研究近代史最好的材料，于是沈氏便与陈援庵（垣）先生担任了故宫博物院文献整理的责任，领导这些繁重的工作。当时他们从前在北大初整理档案的时候，大部分精力和工夫，都耗费在初步的形式整理上面，因为要将数十万件乱七八糟的东西，一一依据名目，排比时代，这是多么令人望而生畏的一桩工作，加之整理时的尘垢太多，眯目塞鼻，工作人如胡鸣盛病眼、魏建功伤肺，当时辛劳的情形，也就可以想像。但是那时他们的经验太少，所以方法上仍有不少的缺点，第一是太重形式，只知区别名称，排比时代，而忽略档案的内容。第二只知注意档案本身，而忽略衙署职司，文书手续的研究，遂使各类档案，都失掉它们的联络性。第三是过于注意搜求珍奇的史料，以资宣传，而忽略多数平凡的材料的普遍整理。因此我就再问沈氏，为什么会发生这些错误，他说，“这些错误，都由于没有把各种档案综合的研究，深刻的观察，所以结果仅知其形式，而不知其内容，仅知其区别，而不知贯通，仅知有若干不相连属的珍异史料，而不知统计多量平凡的材料，令人得一种整个的概念，以建化腐朽为神之功。这样做法，是不容易将档案整理出一个系统来的，档案学更是没有成立的希望，后来有了机会，将内阁大库彻底清理一回，再拿宫中内阁军机处三部分档案，比较综合的一研究，然后才知道内阁的史书，就是红本的择由，也就是实录的长编，宫中的缴回硃批奏折，就是军机处折包的原件，诸如此类，明白了不少的掌故。由此看来，整理一类的档案，须要弄清楚它当时其未归以前的作用如何，整理各类档案，须要弄清楚它们当时的性质，和手续上的联络如何，不是只顾形式的分门别类，或是披沙拣金的搜寻若干珍贵史料便算尽了整理档案的责任，那么应当怎样才算是合理的方法呢？当然是值得研究的。”

整理档案除探求本身外尚须参证典籍

现在整理的方法有三步骤

因此我就问他，整理档案以甚么方法为合理。沈氏说：“从前文献馆，也曾编次若干有关清史的重要材料，刊行问世，然大半是零星摭拾，所以多挂一漏万，主要的弊病，在于不求普通整理的完成，而急求表现，因此我们于民国二十三年改组时，就决定以全力注重普通之整理，分北平现存的史料，军机处的奏折、函电，内阁大库的黄册、档案，内务府的各种档案，为若干组，同时整理，先因名立类，再以类编目。因为整理档案，与部勒群籍，难易不同，书籍以整部全帙为单位，档案以零星散页为单位，书籍分类有中西成规可循，档案则无定法。书籍编目有书名可据，档案须随件择名，所以难分类，必须先考证职官的归属，衙署的司掌，讲编目必先研究公文的程式，档案的术语，除与档案本身探求外，尚须参证典籍，访询耆献，然后仿记事本末的体例，将关于清代各大事的案件，依事按月，编成索引，藉作重修清史的长编，以供史家的参考。”这样我们可以知道他们先后所用的方法不同。不过我觉得用科学方法整理档案，以文献馆为首创，因此我请沈氏具体的将方法说明，他说："我现在整理档案的方法，具体说来，第一步是整理。整理又分为：拂去尘垢，整齐形式；依据机关及名目，分门别类；排比朝代年月；撰写号笺及登记卡片。第二步是编纂。编纂的步骤：据前记的卡片，依事类及时、地、人等项，编纂分类目录；编档案中所载各项大事及人名索引，以替代旧式纪事本末体之史书；档案所用术语汇编；校勘各种官书与档案记载之异同详略。第三步是陈列。陈列又分为：一、普通陈列式。此种陈列为提倡一般参观者对于档案之兴趣起见，将不同时代性质之各种文物，缤纷杂陈，避免单调，以期引人注意。二、专门陈列式。此种陈列，特为专家研究而设。或以机构为主，如内衙、军机处、内务府等室。或以时代为主，如乾隆时代工艺品，慈禧后御用品等室。或以事物性质为主，如地图、戏剧、清钱等室，均用综合系统的方法，表现陈列，务使一代政治文化之实际情形，能于此立体式的陈列室中，纵横多面的反映出来。以上三项整理，以不失原来之真相为原则，编纂以普通编目为原则，陈列以就文物之性质相互联贯为原则。总之，其目的在于充分使学者取材便利而已。至于史学上一切问题之研究，及各种史籍的编纂，那自有研究院及各大学的史家，去负责担任，我们不敢存此奢望了。"

档案关系一代政治学术的盛衰甚大

民十一以后学术界始重视考古学与档案学

谈到这里，关于整顿档案的方法，算是谈完了，因此我就问沈氏关于我国档案的沿革，同在历史上的关系。沈氏毫不思索的说："周官五史，掌一切政教出纳的记载，古时学在王官，史之所掌，为政兴学的总汇，所以老子为柱下史，知成败、存亡、古今之道，号称博学，为诸子的巨擘。秦亡后，周室所藏，遗弃无见之者，而扬雄伤之，然萧何犹独收秦丞相御史律令图书，使沛公知天下闭塞户口多少强弱，民所疾苦，以兴汉室。于是知档案关系一代政治学术的盛衰极大。魏荀勗《中经新薄》中的丙部，有旧事、皇览事、杂事等。志书籍志史部，有起居注、职官、仪注、刑法、实录等类，大率皆是当时的档案文书。古人说‘六经皆史’，我们也可以说史皆档案。精密一点来说，档案是没有掺过水的史料，后代私家著述渐盛，公家的档案，反形没落。唐宋以来，目录书中著录的书籍日增，而一切政学来源记载鼻祖的档案，士大夫反不屑道及，只为各衙署中录事小吏之徒所掌管，偶被检查而已。阅清代公私记载，每每见销毁档案的事，可以知道不重视的程度了。”因此沈氏又告诉我关于近代档案保存的情形。近代档案，当然是指清代二百年间的公家文书，约可分为中央政府与地方政府两种，中央政府包括内庭（即宫中及内务府），外庭（即内阁军机处），各部院，地方政府包括省会（即督抚司道各衙门），外县（即道府州县各衙门），现在故宫博物院所藏的，只有中央政府一部分（内庭及外庭的档案，各部院只有刑部的档案），这些档案虽经过清代及民国以来屡次的损失，但重要性犹在其他档案以上。至于保存的经过，近来王静安、徐中舒、赵泉澄、方甦生诸君，都有文字发表，北京大学研究所国学门一览，叙述明清档案整理会的始末，更为详细。

嗣我又问沈氏尚有其他关于文化建设、学术研究的事业。沈氏说：“民国十一年我主持北京大学研究所国学门时，首立明清史料整理会，以保存内阁档案。旋又创置考古学会，风俗学会，并设古物及风俗陈列室，治国学的人，也知道利用纵横两面的自然材料作实际比较的研究，一洗向来文人徒话空言的积习。我国学界的重视考古与档案学，也就是从这时起。后又于故宫博物院文献馆倡议，将内阁大库，军机处，内务府三类档案，联合集中保管，拟定一般档案的整理编目法，计划普通式及专门陈列式的方案，文献整理及陈列的规模粗具。”

學人訪問記

文字學專家

沈兼士

他研究文字學是用新的方法

故宮整理文獻工作大功已告成

《沈兼士专访（之一）》
刊于《世界日报》，1935 年 9 月 10 日。

學人訪問記

文字學專家

沈兼士

整理故宮檔案工作極爲繁重

沈對整理方法舉出錯誤多點

《沈兼士专访（之四）》
刊于《世界日报》，1935 年 9 月 14 日。

此次访谈内容整理后见报发表时，竟达到了万余字，对于一份主要面向都市普通民众发行的大众报纸而言，这样的篇幅相当罕见。报道中，沈兼士在故宫、古文字学及中国教育等多个方面侃侃而谈，为读者呈现出了一位既精研学术，又关心时事的可亲可近之学者形象。而关涉故宫的部分达到 3500 字左右，占整个访谈内容的三分之一，可见在其治学生涯之中故宫的份量与意义。

沈兼士在故宫明清档案整理方面，成绩斐然。他将故宫巨量的“大内档案”条分缕析、分门别类，将之重整为可查阅、可索引、可研究的，极具第一手资料价值的宝贵资源，使之从“废纸堆”化身为“学术富矿”。同时代学者诸如陈垣、陈寅恪、胡适、顾颉刚等，莫不因之得到研究便利，也因之在明清史研究方面，水到渠成、结出硕果。即使普通游客与参观者，也莫不为精心的陈列布置、生动形象的档案展示所吸引，更因之对明清历史产生浓厚兴趣，而对故宫的文化价值与历史价值更多一层深入认识了。

就在此次专访的当年，1935 年 1 月 18 日，北平《世界日报》“教育版”头版头条，刊出过一篇题为“故宫博物院文献馆昨日开放，招待各界参观，庋藏大批珍奇史料”的特别报道。报道中称文献馆“近应各学术团体，及各专家之要求，特于昨日下午一时，将大库及南四所开放，招待来宾参观，计到有北平图书馆代表，国语统一筹备会代表，及北京、师范、辅仁、燕京、清华等大学国史两学系学生，学者教授到者有张星烺、洪煨莲、钱伺、顾颉刚、朱少滨等数十人，捐助南京金陵大学价值四百万元古物之福开森博士，亦在参观群中”。可见此次内阁档案的首次公开展出，吸引了中国学术界的众多目光，不但所在地北平的大学国文、史学两系师生几乎倾巢出动，以“中国通”福开森（John Calvin Ferguson，1866—1945）为代表的外国学者也加入参观行列了。此次展览，“由该馆馆长沈兼士率领来宾，赴各库室参观，并详为解说每种档案之性质，参观者皆感极大之兴趣”。

故宫博物院同仁与福开森在文华殿前合影

英文版《国立北平故宫博物院导览》 1934 年

毋庸置疑，故宫内阁档案的大放异彩，当然与沈兼士领导之下的故宫博物院文献馆多番努力有关；但殊不知，这批大内档案不但整理不易，得来更为不易，也算是劫后余生，而这也与沈兼士个人有关。

大内档案是指清朝存放于内阁大库中的诏令、奏章、朱谕、实录、则例、典籍、外国的表章、历科殿试的卷子以及其他档案，其历史价值、文化价值、学术价值当然毋庸置疑。但时至晚清，政局动荡，清廷早已无暇监管历年来形成的巨量内阁档案，1909 年（宣统元年）为整修内阁大库，决定将所存大批档案移出库外等待焚毁。因学部参事罗振玉呈请张之洞上奏朝廷罢焚，由学部暂

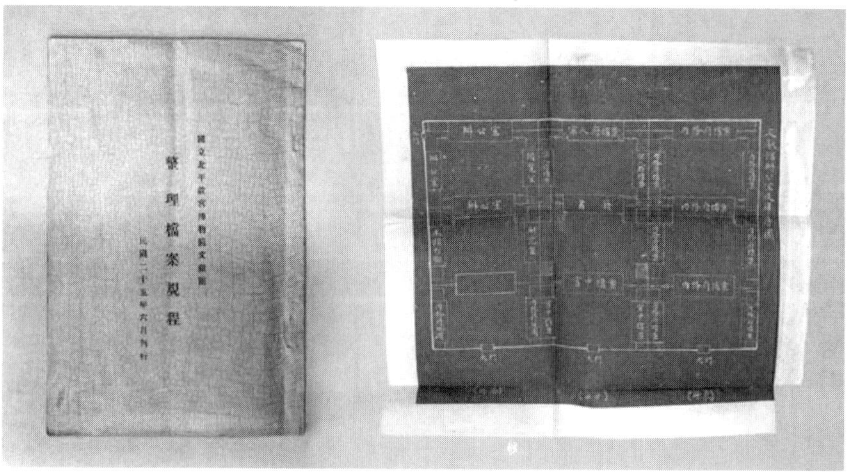

《整理档案规程》及所附文献馆办公室及库房平面图 1936 年

管，这批档案始躲过一劫。辛亥革命后，清王朝覆灭，内阁大库档案又改由北洋政府教育部接管。1916 年，教育部决定成立历史博物馆，将其中较为完整的档案初步挑选出来放置于故宫午门楼上，剩余的档案则装入麻袋堆放在端门门洞之中。1921 年，教育部与历史博物馆又以经费困难为由，将其中大部分档案装入麻袋，以银洋 4000 元售出，这即是著名的“八千麻袋”事件。当沈兼士得知清代内阁大库档案被变卖后，深感震惊与痛惜，立即向教育部提出请求，请求将残存的 1506 麻袋内阁档案划归北京大学，并主持成立档案整理委员会进行整理。此举不但保护了残留档案不再遭到变卖流散，更是开启了高等学府整理清代档案风气之先；也正因这残存的 1506 麻袋内阁档案，才有了十五年后，那一次盛况空前的故宫博物院文献馆之档案展览。

在专访中，沈兼士对档案整理之步骤，及工作之艰巨，都有较为翔实的说明，可谓“第一责任人”口述的“第一现场”之第一手资料。而就在此次专访后一年，由故宫博物院文献馆于 1936 年出版的《文献论丛》中，作为参与内阁档案整理工作的沈兼士的同事们，还曾有过更为细致、直观

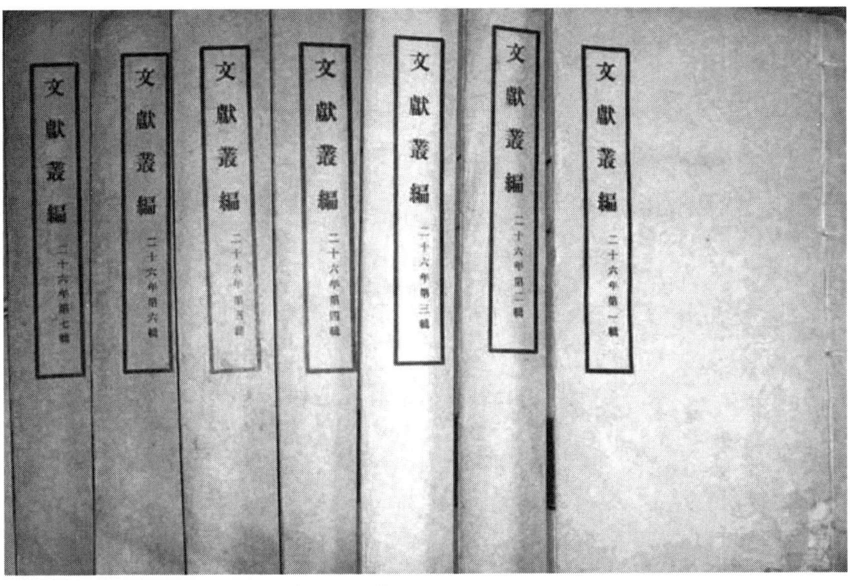

“七七”事变之前文献馆编辑出版的《文献丛编》

内阁大库实录库外景　摄于 20 世纪初

内阁大库实录库内景　摄于 20 世纪初

的描述，让后世读者读之更如亲临现场、感同身受，或可作为沈之概述的某种补充。该书中辑有《整理内阁大库杂乱档案记》一文，文中写道："民国十三年十一月，清室善后委员会成立，开始点查故宫文物。十四年十月，故宫博物院成立。当时沈兼士先生首先注意的就是档案，于是将宫中各处经过点查手续的档案，随时集中在南三所，预备整理。……地板上的档案，一堆一堆的积若小丘，差不多没有下脚的地方。……残乱档案，几乎堆到房顶。……总而言之，是杂乱无章的一库乱档而已。这就是点查时两库贮藏档案的情形。"由此可见，当时内阁大库中的"乱象横生"之状，足令当年任何初入这所"乱库"的工作人员望而生畏罢。紧接着，工作人员现身说法，坦言："最感痛苦的，是不能假手工役，必须自己动手。因为区别种类，件件都要阅看，残缺不全的，更要审视内容。而且库中档案，都是经过很久时间的纸片，霉气弥漫，中人欲呕，同人实在不能终日埋头作这件事情，所以工作进行，不能很快。直到最近，一堆一堆的档，已经清理完竣；

文献馆库房内文献、档案堆积情形

文献馆档案按来源分组管理，分为内阁大库组（兼管清史馆档案）、军机处档案组、内务府档案组等，负责对明清档案、实录及历史物品的整理编目、保管陈列、收集整理等工作。

文献馆同仁整理内阁大库档案　摄于 1931 年

1931 年 1 月 6 日，文献馆开始整理内阁大库档案，以内阁大库为临时办公处。右二为单士元，时年 24 岁。

寿安宫殿本书库外景

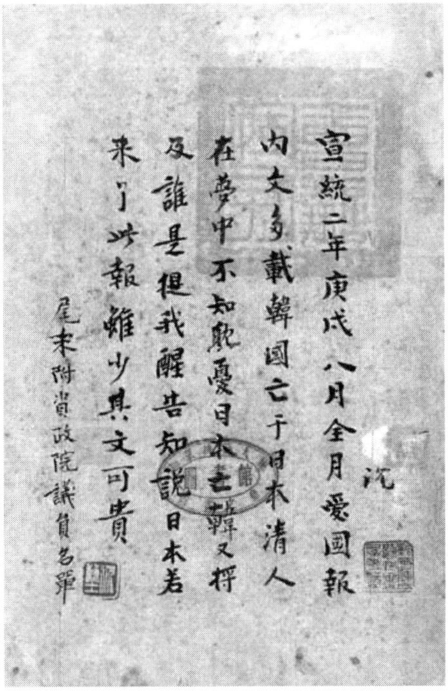

宣統二年庚戌八月全月愛國報 沈
內文多載韓國亡于日本清人
在夢中不知殷憂日本亡韓又將
及誰是但我醒告知說日本若
來了此報雖少其文可貴
尾末附資政院議員名單

沈兼士自藏剪报题记　曾经陈垣收藏

但是架顶柜后，尚有遗留。灰尘中，可以发见红本；地板上，可以铲起档册。随时随地，仍有发见档案的可能，目下正在各处搜检之中。”这段工作人员坦言的整理档案“最感痛苦”之处，又和专访中沈所称“整理时的尘垢太多，眯目塞鼻，工作人如胡鸣盛病眼、魏建功伤肺……”相互印证起来，当年艰苦卓绝之情状，真如同影像回放一般历历在目了。

除却整理故宫内阁档案，以档案学启引明清史研究之风气，是沈兼士于故宫的贡献之外，他还力保沈阳故宫文溯阁的《四库全书》不致流失国外。原来，1914 年袁世凯欲行复辟帝制之际，准备影印《四库全书》，将文溯阁藏本运抵北京，存于故宫保和殿。但不久袁氏政权覆亡，此书遂就此冷落宫中，再无人过问。1922 年，清室曾以经济困难为由，欲将文溯阁《四库全书》盗售给日本书商，并且价格已议定为 120 万元。此消息传出，首先为沈兼士先生获知，他于当年 4 月 22 日率先致函教育部，竭力反对此事。迫于舆论压力，此事遂作罢（详参郭伯恭《四库全书纂修考》，商务印书馆

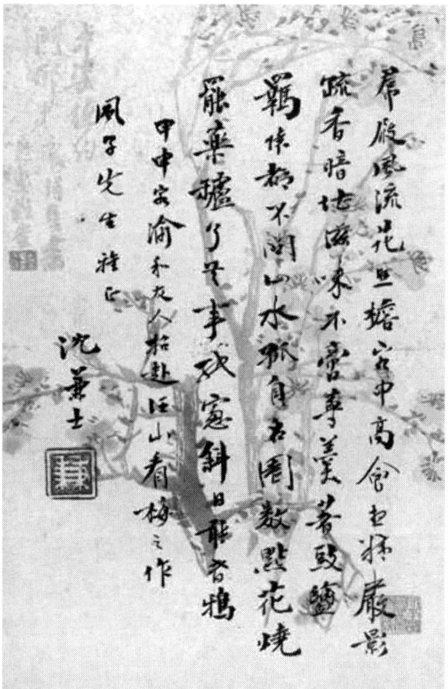

沈兼士诗札　1944 年客寓重庆时作

1937 年）。现存所谓“三部半”《四库全书》，其一文渊阁本原藏北京故宫，后经上海、南京转运至台湾；其二文津阁本于 20 世纪 50 年代调拨到中国国家图书馆；残缺的文澜阁本藏于浙江省图书馆；而经沈兼士力保而未流落异邦的文溯阁本现藏甘肃省图书馆。

抗战期间,沈兼士曾组建“炎社”,进行抗日宣传工作。被日军列入“黑名单”后遭到追捕，终不得已离开北平，转徙西南。后来，他在重庆曾家岩五十二号对门石田小筑中暂寓，在此，他致信时任驻美全权大使的胡适，信中感叹“目击时艰，空谈莫补……当时子丧妻病，己身又时时有危险之虞”云云，足见其处境之艰苦。抗战胜利后，他又被委任为教育部平津区特派员，自 1945 年 10 月 5 日起，开始接收平津日伪所设教育文化机关，故宫博物院等他为之倾力工作过的机构自然亦在其列。为此他竭尽所能，仅用三个月即接收竣事，曾被日军掌控的《续修四库全书总目提要》及有关图书档案也全部接收。1947 年 8 月 2 日，沈兼士积劳成疾，因脑溢血病逝于北平，享年 60 岁。

陈寅恪：痛陈古物不可散

陈寅恪 (1890—1969)

正是赴任专门委员以来，陈寅恪得以在浩若烟海的故宫文献宝库中，全心投入、精心考证；但千万不要以为他只是一味地埋首故纸、闭门读书。在那个外患日增、内忧积重的年代，在事关民族危亡、国宝存毁的大局面前，他仍然以一位现代知识分子的家国情怀，对国事时政，对故宫保护，发出过自己的声音。

陈寅恪与故宫的因缘，可以溯至故宫博物院成立的次年。这一因缘，从一开始就显得极其“学术化”，显得顺理成章而毫无悬念。这一因缘，就源于他与时任故宫博物院理事会理事陈垣的交往。1926 年 7 月 13 日，经吴宓介绍，在中央公园来今雨轩，陈寅恪与陈垣会面。据《吴宓日记》（三联书店，1998 年）载：“待至六时许，陈垣来，七时，陈寅恪来。宓请二君用西餐（花费六元），为使寅恪得与陈垣谈其所学，且入清宫参观也。晚十时半始散。”就如此一顿西餐，被史学界誉为“南北二陈”的这次初晤，不但开启了之后二陈论学往还近 40 年的交谊，更为陈寅恪开启了继王国维之后探寻“大内”顶级文献的难得机遇。

1932 年印制的《北平故宫博物院文献馆一览》中，陈寅恪已然位列

《北平故宫博物院文献馆一览》 1932 年

于 16 位专门委员之一。而在该书“沿革篇”中，明确说明了在 1929 年 2 月故宫博物院理事会成立之后，即着手将原有“掌故部”改编为“文献馆”，并延聘了 16 位专门委员，指导职员整理档案。也即是说，陈寅恪任故宫专门委员，应始于 1929 年，不早于当年 2 月。具体到该年何月任职，还可以参照《掌故丛编》的出版时间。据查，1929 年 6 月，原掌故部依据清宫旧档编的《掌故丛编》第九辑出版，此时版权页上已将编辑所名目，由“掌故部”明确改为了“文献馆”，可以据此推断，陈任职时间应在 1929 年 2 至 6 月之间。

又据《陈寅恪集·书信集》（三联书店，2001 年）载，1929 年 7 月 24 日，陈寅恪先生以故宫博物院专门委员身份，前往景山故宫博物院分院，“此事本系意在参看景山中陈列清帝画像，以应本研究所前者（

按：指赵万里）所委托”。实际上，陈与赵同为故宫 16 位专门委员之一，这条记载，可看作陈在故宫任职视事之始。

在这里，陈所谓“本研究所”，是指由蔡元培主持的中央研究院历史语言研究所（以下简称“史语所”），陈任该所史料学组组长。据《史语所第十七年度报告》称，该所开办之初共分八个组，其中甲组为史料学组，“由研究院陈寅恪在北平组织之。历代官修史书，不甚足凭；而私人所及，每取传闻，多有失实。后来史学，只应是史料整理学而已。故史料保存宜早。陈君拟先利用在北平可得之史料，整理清代史中数重要问题。自去年 10 月，即从事于此”。这份报告，总结的是 1928 年 10 月至 1929 年 6 月间该所的工作，可知陈在任故宫专门委员之前的工作重心所在，而这一工作重心自然是与紫禁城中巨量的内廷档案息息相关的。

1929 年 6 月史语所迁到北平后，工作计划有了大的调整，随之而来，“原来以事业为单位之组取消，更为较大之组；目下先设三组：甲，第一组，史学各面以及文籍校订等属之……并推定陈寅恪为第一组主任”。由陈寅恪所统领的第一组工作任务也随之调整，其中有一专项“整理明清内阁大库档案”，显然是因陈已任故宫专门委员之故而设的，这一工作也正是依托故宫巨量文献资源为基础来开展的。

可以想见，正是赴任专门委员以来，陈寅恪得以在浩若烟海的故宫文献宝库中，全心投入、精心考证；那万卷尘封史料，也就此涓涓汇入学海——他如鱼得水。但千万不要以为他只是一味地埋首故纸、闭门读书，在那个外患日增、内忧积重的年代，在事关民族危亡、国宝存毁的大局面前，他仍然以一位现代知识分子的家国情怀，对国事时政，对故宫保护，发出过自己的声音。

1930 年 3 月，为争夺统治权，汪精卫联合阎锡山、冯玉祥、李宗仁等地方实力派，发起以打击蒋介石为首的南京中央政府之内战。当年 5 月至 11 月，蒋介石宣布起兵“平叛”，双方激战近半年，伤亡达 30 万人，史称“中原大战”。此刻，日军也在东北虎视眈眈，随时准备乘虚而入。而当年 11 月初，故宫博物院将接收归并北平古物陈列所的传闻，也恰在

古物陳列所接收問題

——昨早已由故宮博物院 內政部委員及衛戍部 公安局會同接收竣事

北平古物陳列所，由行政會議議決，劃歸故宮博物院保管一節，已見報載，昨日（三日）上午九時，故宮博物院總務處長俞同奎，秘書吳瀛，會同內政部派員錢桐、康泉，及公安局長鮑毓麟，平津衛戍司令于學忠代表李森王，前往古物陳列所接收，由該所保管人員負責點交，據聞故宮接收該所後，必須數月始能竣事，所內一切仍係維持現狀，並無變動云。又一消息，內政部前將瀋陽熱河古物移平，設置古物陳列所，附設於外廷各殿之中，故宮博物院接收外廷後，該古物陳列所即由內政部，故宮博物院，瀋陽故宮博物分院會同派人接收，[illegible]將瀋陽移來之一部分，仍移歸瀋陽故宮博物分院，以完瀋陽歷史上之古蹟，其非瀋陽之一部分，係北平故宮相互而完整，擬求移運首都，另設博物院，此項搬運首都之古物，暫借外廷原處，相當陳列，並由故宮博物院會同內政部派人保管，將來亦由內政部運京云。

日外次永井 今日可抵津

——輪爲風阻遲到一日

【電通社天津三日電】日外務次官永井，已於昨日乘日輪大潮丸，由大連向本埠出發，本日內即可抵津，擬在津僑宿後，即於五日上午離津赴平，所定於是日正午左右抵平，又該社天津三日電，日外務次官永井所乘之日輪大潮丸，豫定於本日抵津，但以昨晚風勢猛烈，波浪洶湧，不能航行，遂不得已而於本埠折回旅順避難，因是該輪須俟至明日下午，始能開抵本埠，而其赴平日期，自亦將遲延一日，

《世界日报》关于“院所合一”的报道　1930 年 11 月 4 日

东华门及古物陈列所牌匾

这一战争阴云未散的时刻传出，顿时社会舆论大哗，北平民众意见不一，各种揣测与论争不断。

1930年11月4日，北平《世界日报》首次刊载了所谓“院所合一”的决议，进一步坐实了之前的传闻。这则报道题为“古物陈列所接收问题”，文中明确提到，“北平古物陈列所，由行政会议议决，划归故宫博物院保管……”云云，并附带申明，“内政部前将沈阳热河古物移平，设置古物陈列所，附设于外廷各殿阁之中，故宫博物院接收外廷后……组织点验清楚后，将沈阳移来之一部分，仍移归沈阳故宫博物分院，以完沈阳历史上之古迹，其非沈阳之一部分，与北平故宫相互配置完整，将来移运首都”。

此则报道一出，北平民众群情激愤，集体向当局抗议。北平全市自治区公所遂汇集“民意”，一周后即向南京政府与张学良发去了电报。集中反映的意见表明，民众反对的焦点并不是“院所合一”，而是“古物分散”。1930年11月14日，北平《世界日报》摘录刊载了这份抗议电报，可以对此刻的“民意”有所了解。电文中称，“……闻该院理事会呈请行政院，将所中古物一半运回沈阳，热河部分重复者运往南京，行政院议决照办。夫难聚易散，传世之古物也。宜聚不宜散，学术之资料也。……不谓兵祸方息、诸务未祚……现学界、新闻界、各团体，纷纷建言，务请政府及张长官尊重民意，为古物谋安全，为学术求便利，为北平计繁荣，俾此项古物，不令分散，更求巩固完善之方，昭示天下”。

当时，陈寅恪看到了这一报道，即刻会同蒋廷黻、顾颉刚、吴其昌等，向故宫博物院理事会提出反对意见，并为之撰写了一封公开信，刊载于1930年11月29日出版的《清华周刊》第三四卷第五期“学术”栏第一篇，标题为“本校四教授反对古物分散之一篇公开状”。酌加整理，转录全文如下：

本校四教授反对古物分散之一篇公开状

近来报载北平古物陈列所古物，将运往南京。本校教授陈寅恪、蒋廷黼、顾颉刚、吴其昌四先生，对此问题，著论反对。所持理论，于中国文化关系至巨。兹特刊登本刊，藉促关心民族学术者之注意焉。

编者识

最近报载北平古物陈列所，将由故宫博物院接收合办，吾人闻之，深觉快慰，诚以同为文化遗产，国家重宝，统一管理主权，自易整顿发展，正不必机关骈出，多所隔阂也，乃前日各报又载故宫博物院理事会呈请行政院呈文，请将古物陈列所之一半重器，运回沈阳，则吾人再三考量以后，毅然以为不可，谨将反对之理由，逐一条陈，谨请执政诸公与理事会诸公，凭公正不杂情感之理性，本发展民族文化之热忱，再斟酌审慎之，并以普告邦人君子，爱护民族文化者。

第一，文化之进步，由于文物与工具由散而聚，其退步，由于文物与工具之由聚而散，此其理由，甚为浅显明瞭，盖世界无论何种民族，其文化演变之方式，不外两种，一为直线的，一为循环的也。其文化而为直线的，则分增寸积，日长月高，迈进无已。若不幸而为循环的，则进寸退尺，聚散相互，成毁无端，乃永无进步也。以中国之伟大土地与历史，而其文化遗产，则蹈于悲惨已极之循环率，故以数千年之文化，而落人数百年之后，计自宗周先秦以来所留余之文物，集中于长安，洛阳，邺中，大梁，金陵，临安者，皆已为暴民毁荡盗劫一尽，至今遂烟消雾灭，上无以对我祖宗，下无以对我子孙，旁无以对我友邦。直至民国三年，内务部移热河避暑山庄，及奉天行宫全部古物至京，设立古物陈列所，实为中国文化史上第一次有意义之大进步。其后民国十三年驱逐溥仪出宫，设立故宫博物院，此为中国文化史上第二次有意义之大进步。至于今日故宫博物院之接受古物陈列所，当为第三次进步，吾人方且更希望其第四次之广再搜集或发掘，第五次之精印流布，乃至第七第八……无次数之进步。岂期又自蹈于悲惨之循环率，已聚者，又复散之，已有进步之曙光，又复回返于原始之退步，则中国文物，永无集中之希望，中国文化之前途，永不离悲惨的恐怖，则此阻碍中国文化进步之责任，百世之下，有余责焉。

第二，博物馆之意义，惟在公开与集中，所以设立博物馆者，其根本用意，原不过求材料之公开与集中耳，故离此二谛，即根本无博物馆。譬如甲有一唐画，乙有一周鼎，丙有一宋瓷，丁有一汉碑，秘密而不公开，有等于无也，散处而不集观，有等于无也。如集合而公开之，以是研讨有人而学问生矣。今北平古物，自耶律圣宗以来，即开始搜集，斡离不，粘罕，又得宋徽宗全部之遗产，有经无至元，明永乐成化，清康熙乾隆诸帝之努力，以全国民众膏血为代价，乃得有此蔚为巨观。中间经满廷之霸占，擅移全国命脉之宝物至奉天，热河，不知此宝物，为我全民族所公有，而非满族所得私。幸民国以后，已运回北京，还我全民族所公有矣。今日之北平，为吾全民族所公有之文化中枢也，犹今日之南京，为我全民族之政治中枢也。故一切文物，凡为民族之公宝，即当公之于全民族所以有之文化区，苟非此文化区转移，则无论何地，自不当有类似瓜分之行为，而保护此文化区之完整，为我全民族人人有其责也。为地方所私有，与为个人所私有，何以异乎，散处于各地方，与散处于各个人，何以异乎？使此故宫宝物，平均散之于全中国，则尚有一物之可见乎？故分散古物陈列所古物，与博物馆之根本意义与效用相背，何必有故宫博物院哉。

第三，博物馆之意义，为求学问上之方便，非若珍宝之可争夺授受也。家天下时代，视故宫古物陈列所之宝物，为“珍宝”，为“宝贝”，为“值钱的东西”，故有争夺，有盗劫，有偷窃，有恩赏，有惠赠。若以今日我侪站在学术的地位而观之，则虽可宝，而其价值，乃与“破铜”、“烂铁”、“碎瓦片”、“断骨头”等，故博物馆之设立，原不过求学问上之方便耳，故惟恐其不集中，决不容其离散，惟恐其不近集，决不容其远离，惟恐其少，决不厌其多。故宫之接收古物陈列所，吾人极端赞成之者，无他，学问上之方便故也。今国民政府，既定北平为全国文化都会，若日本之西京，土耳其之康士坦，则一切文物，当由各省各地集中于北平，斯以后举凡全国之讲文化者，考历史者，群集于北平。以器物吸收人材，以人材研究器物，互为因果，学术遂陡然亢进。若散处各地，研究者无一致之目的地，人材无一定的聚荟地，今日跑沈阳，明日跑北平，后日有一极小而重要的参考，又非须亲跑沈阳不可，如是尚有学问之可言乎，我侪作一“实事作是”的论文，不将整个材料，集于一室，犹左支右绌，无从下笔，此凡学人类能言之，理事诸公，多名学者，尤当深尝此味，奈何任其离散，不为中国建设文化，而反为此破坏之举，不以学者“破铜”“碎骨”眼光以视古物，而出于集中公开态度，而仍以旧时“珍宝”“宝贝”眼光以视古物，而出此授受，惠赠之态度也。

第四，各地博物馆之设立，当为积极的“创业式”，不当为消极的“分家式”也。或者曰，北平，既当为文化中心区矣，然沈阳既亦有故宫博物馆，则亦不能不有物以充实之，而南京既为首都，则亦不能不有博物馆之设立，吾侪对于此说，极表同情。凡一切建立文化事业之消息，在此久苦兵戈之中国，当为人人之所乐闻，吾侪极愿沈阳博物馆之充实，及南京博物馆之设立。然充实与设立之方法，当为“创业式”，而不当为“分家式”也。俗言之，即当取“有希望”之行为，不当取“没出息”之行为也，譬之子女自立门户，故属可喜之事，当然努力自创产业，不当仰仗于父母有限之财力也。父创业十万，子创业二十万，此为“有进步”、“有出息”，子不能自创业，徒欲分父财三千五千，此为“没出息”。当此开国气象，建立文化事业将自居“有出息”乎？中国文化，蕴埋于地下者何限，流落于外邦者何限，不此之求，而乃斤斤以瓜分此有限之陈列所，哀哉。近闻党玉崐守凤翔时，发掘一先秦先王之古墓，得铜器四五百件，外人觊觎已久，此等应该无条件没收之物，中央何不严密查得以立首都博物馆乎？其他故家中落，文物散佚者，闻汉阳叶氏之瓷器，吴县潘氏之铜器，聊城杨氏之古刻……皆卓卓有名，或将散，或尚未散尽，中央负文物之责者，何熟视不一为之所乎？欲立博物馆，或充实博物馆，此非最好之资料乎？此正如各地设立图书馆，当各自收买书籍，不当瓜分某一大图书馆也。各地博物馆，皆努力创业，与北平相竞争，相追逐，乃为中华文化有朝暾渐出之现象，亦为开国创业之规模，乃汲汲焉踏叔世之哀辙，惟欲瓜分已聚之文物，则各地博物馆尚未充实，而北平之文物尽，中华之命脉绝矣。

第五，不当轻开离散博物馆之先例，及应负破坏博物馆之责任也。博物馆，图书馆所以能长聚不散，不为有力者夺去者，其惟一之保障，惟有“完整”一义之不破坏耳。使此义而可破坏，则举天下之博物馆，图书馆，皆危险已极，朝不保夕，任何时间，可以立刻瓦解矣。内务部设立古物陈列所，已十有六年，虽有大力如曹锟，张宗昌，冯玉祥辈，皆不敢破坏之者，无他，非不垂涎其利也，徒以其端未开，畏天下之公议，故不敢首犯不讳。今故宫博物院理事会自破此例，将几近全部古物三分之二之热河沈阳两行宫古物，离散于沈阳南京两地，然则其例既开，古物陈列所而可以瓜分，故宫博物院，何以而不可瓜分乎？历史博物馆，何以而不可瓜分乎？在北平也可以瓜分，在沈阳何以而不可再瓜分乎？在南京何以而不可再瓜分乎？他日有大力而野心者出，援理事会此例，则中国古物图书，无论何地，有立刻散为灰烬之虞，此其端非今日之理事会授之乎？千载下无量劫之责任，悉由今日理事会诸公负之矣。

第六，理事会只有保护管理古物之权，并无离散授受古物之权也。古物陈列所古物，乃为我全民族所公有，故当公之于全民族所公立之文化中心区。理事会诸公，不过因为专门人材故，受国民委托，而保护管理之，但国民并未尝赋予以自由离散，自由授受之权也。今公然自由行动，如处理一己之私物，何者置某处，何者置某处，于其职权范围之外，丝毫不询国人之意见，而一如昔日清帝之移明宫古物至盛京之自由与方便，则理事会诸公，亦何以自异于清帝乎？简直“非法行动也”。

以上六端，完全站在“学术”立场上碌碌大者之批评，其余如（第七）古物多一次转运，即多一次损伤（第八）世界博物馆从无移动离散之笑话（第九）移空古物，北平之繁荣，宣告死刑（第十）……等等，尚不胜一一枚举，或者谓（一），故宫古物太多，无屋陈列，则答曰故宫未修理之空屋亦太多，当一一修理，犹不够，则另建专门博物馆以储藏之，如铜器馆，石刻馆，玉器馆，书画馆，瓷器馆……不然，如国内无馆陈列，亦将移之国外乎？（二），或者又谓沈阳一部分古物，原由沈阳移来，移回之所以完成历史上之故迹，则答之曰，沈阳在清前，并故宫亦无之，此非前帝自北京明故宫移往乎，若必欲物还原处，而不顾文化之集中与否，依此逻辑，则三代铜器，将复埋之于地下乎？或者又谓（三），移至沈阳南京，则南方东北之人，予以研究方便，则答之曰，中国现已统一，已非封建割据，故方便问题，当顾全国之方便，不当偏顾某一方面之方便，例如甲家藏书，乙不感受方便，乙家藏书，丙不感受方便，不如合立图书馆，则甲乙丙丁……无量数人，皆感受方便。若顾全甲家之方便，将图书馆移入甲家，则乙丙丁戊……无量数人，皆感受不方便。北平者，全国公有之方便也，苟东北及南方之人，不承认北平为中国领土则已，不承认东北与南方尚在中国境内则已，如不

本校四教授反對古物分散之一篇公開狀

學術

本校四教授反對古物分散之一篇公開狀

陈寅恪等四教授反对古物分散的公开信

蒋廷黻（1895—1965）

顾颉刚(1893—1980)

吴其昌（1904—1944）

然，则当谋“大全国”之方便，不当谋“小一隅”之方便也，且如东北之人，欲研究南京古器，南方之人，欲研究沈阳古物，岂非更大不方便乎？此三条理由之不能成立，至浅显也。

兹将繁复之词，一切刊落，各本良心而言，务恳理事会诸公，顾算全国百年文化之大计，悯念中华古物零落之可怜，北平古物集中之匪易，再慎重审酌，呈请行政院覆议，此效将远至数百年后，吾中华他日有复兴之一日者，必拜诸公今日之嘉赐矣，并望全国学者之爱护文化者，爱护北平者，注意此事，群起而尽保护之责也。

这篇近4000字的公开信，由陈寅恪首倡，蒋廷黻、顾颉刚、吴其昌签名附议，郑重提交给了故宫博物院理事会。文中表明，陈并不反对“院所合并”，甚至非常赞成这种整合资源的做法；但“古物分散”却是不能接受的，这不但不合博物馆设置的国际惯例，而且实为“分家式”的“破坏”，对此应坚决反对。这是陈氏少有的抨击时政、慷慨陈词的一篇论文，至今国内所见陈氏文集中尚未见辑录，或可称之为“佚文”。但这篇佚文的价值，

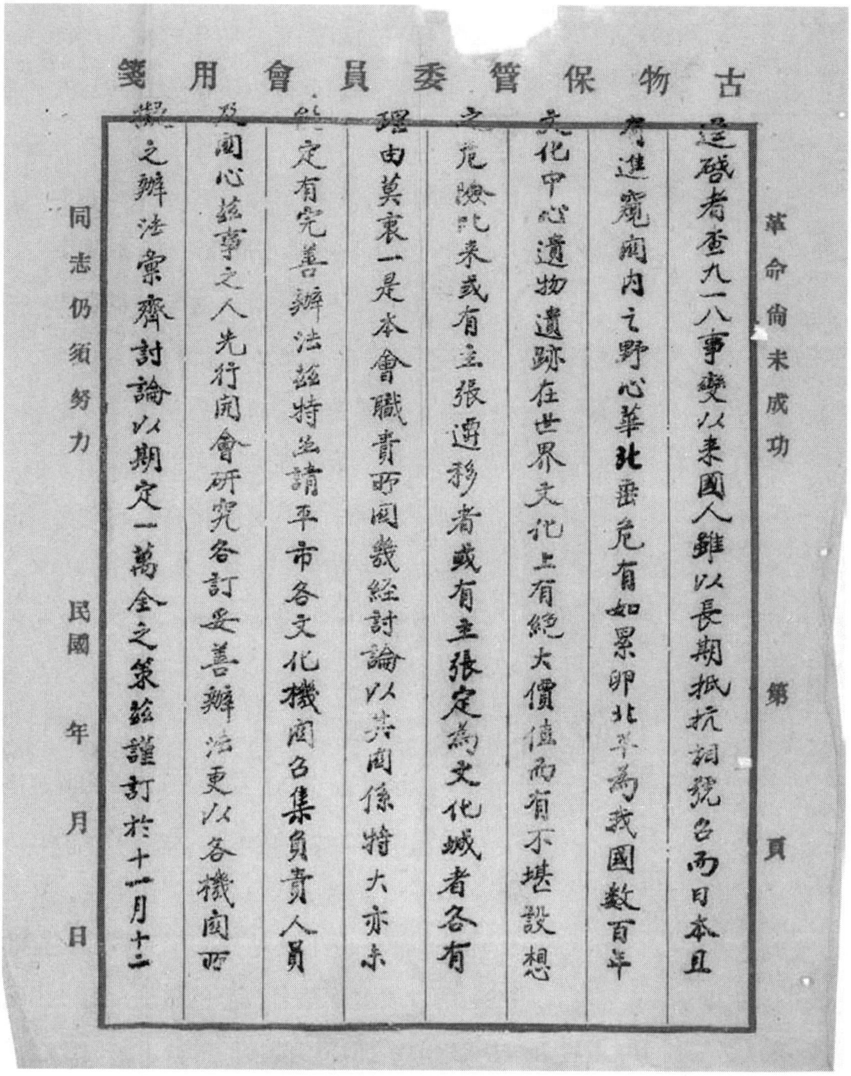
古物保管委員會用箋

革命尚未成功 第 頁

逕啓者查九一八事變以來國人雖以長期抵抗詞號召而日本且有進窺關內之野心華北垂危有如累卵北平爲我國數百年文化中心遺物遺跡在世界文化上有絕大價值而有不堪設想之危險比來或有主張遷移者或有主張定爲文化城者各有理由莫衷一是本會職責所關幾經討論以其關係特大亦未能定有完善辦法茲特函請平市各文化機關召集負責人員及關心茲事之人先行開會研究各訂妥善辦法更以各機關所擬之辦法彙齊討論以期定一萬全之策茲謹訂於十一月十二

同志仍須努力 民國 年 月 日

古物保管委员会致故宫博物院函

函称“九一八”事变以来，华北垂危，古物遗迹有不堪设想之危险，特请北平各文化机关召集负责人员先行开会研究，各订妥善办法。

却绝不在于某种学术史钩沉索隐的趣味，而更在于它体现了陈氏书斋生活中一直蕴藉着的家国情怀，更在于它反映着以陈为代表的知识分子们在覆巢危局之下的完璧之心。

就目前已知的文献资料来看，当局对这封公开信，并没有任何回复。但随后的当局决策，也相应有所调整，古物既不是完全按原计划移去沈阳故宫，也不是按照“民意”原封不动，而是分批南迁，暂贮于上海、南京两地。因为就在陈寅恪这封公开信发表后不到一年时间，“九一八”事变的爆发彻底打乱了故宫博物院原有种种筹划。国难当头，全力保护古物，免使国宝沦落敌手，成为故宫博物院的当务之急。而陈寅恪的生涯，也正如辗转南迁的国宝一样，从此开始了南北驱驰、迁徙飘泊之旅。

末了，尚有一篇题外话，权作余韵，在此拈出。须知“九一八”事变之后，华北危急；紧接着，日军又在上海悍然发动“一·二八”事变，妄图速战速决。此刻，陈寅恪在为故宫古物聚散问题建言之后，接着又在北平学界为全民抗战呐喊主张。虽远在北平，陈仍与容庚、吴宓、叶崇智、俞平伯、吴其昌、浦江清等学者一道，向当局请愿，公开致电，痛斥投降主义，请求政府坚决抵抗，表达绝不妥协之信念。这同样是一篇不为后世研究者所知，也至今未被提及的陈氏“佚文”，就刊发于1932年3月5日的北平《世界日报》之上。电文被记者冠以“陈寅恪吴宓等电国府，质问对日方针”的醒目标题，公之于众：

> 洛阳国民政府钧鉴，沪战连日退却，传说原因不一，是否政府实行妥协，今日之事，敌兵在境，岂可作城下之盟，置东省失地淞沪牺牲于不顾，政府对日，当有一贯主张，不主妥协，即主抵抗，不用岳飞，即用秦桧。若用秦桧，即请斩蔡廷锴，以谢日本，万勿明战阴和，以欺国人。家国飘摇，生灵涂炭，瞻望京洛，哀愤交并。

原来，原驻南京的国民政府，在“一·二八”事变爆发次日，即仓促筹划，宣布迁都洛阳。大批政府部门的急迫撤离，不可避免的引起社会恐慌，一时人心惶惶，“中国速亡论”的悲观论调也不绝于耳。陈寅恪等的这番通电，正是对当局不抵抗政策、投降主义倾向的直接痛斥。当然，这样公开质问政府决策的电报，与先前致电批评故宫博物院理事会的那封公开信一样，仍是不可能得到任何当局正式或非正式答复的。

1937 年 7 月，“七七”事变爆发，抗战大幕开启，北平也随即沦陷。在日军直逼平津之际，陈寅恪的父亲陈三立义愤绝食，溘然长逝。治丧完毕，陈寅恪毅然随校南迁，几经跋涉，避居岭南，终其一生。一代国学大师也就此永离北平、永别故宫，再也未回到过这片故土旧邦。

蔡元培：力主南迁护国宝

蔡元培（1868—1904）

事实上，故宫及其古物保护的头绪纷繁，在当时国内军政各种势力交错之下，除了要为古物南迁出谋划策、铺平道路，蔡元培还要坐镇北平，为整个不可迁移的故宫及其遗存文物之保护，而四处奔走、呼吁呐喊。

1933年2月16日，北平《世界日报》第五版头条，刊载了一封吴敬恒致蔡元培的公开信。报社记者给这封公开信加了一个醒目的标题——“吴敬恒妙论，古物是臭东西”，这吴、蔡二人是要谈论什么呢？且酌加整理，照录该信全文如下：

子民先生执事：

弟近顷已在南京半个月，前天曾一度上无锡证婚，回来身体不佳，郎当得狠，预备将息将息。顷由溥泉先生转来赐书，说起故物，弟都当他是虞舜进瞽叟的钵头，周公挞伯禽的杖，孔夫子设教书坛的席，年来虽也跟着人称说故物，骨子里还是对牛操琴。

半月前，我从家中到市上去，经过马霍路，在洋车里看报，刚看见政治会议决议，派我为古物保管会员委员之一，对面梅白格路口，刚有两个石人，我便联想到吴县江弢叔的诗调，冲口而出，吟曰："行向仲翁成一笑，吾身今与尔同看。"（翁仲原来是仲翁，不是我杜撰的，凑韵聊一用）。于是想到我这老而不死，自己已成故物，需人保管，安能保管别的故物？讲起故宫故物来，最初只是北平的一班人，如江（瀚）马（衡）易（培基）诸先生，主张不迁，我说对啦，只种臭东西，迁他做什么呢？现在日本小鬼，没有情理讲的来欺侮我们，我们跪在地上迎接他，终不是事，所以应该抵抗，应该积极抵抗，应该死守很久如常山、睢阳一样，只叫做维持人格。说起打胜仗，可怜自甲午以来，四十年被故物讲坏了，恐无把握罢，北平抵抗到三年，全城陷落，故物让他拿去，就是了，可是临去的时候，对他说，前车之鉴，不要像观象台的天文仪器一样，抢回柏林，再请轮船恭恭敬敬送回来。我们历史上也有所谓璧则犹是也，而马齿加长矣。日本小鬼也一定读过的，然弟所怕的，还是我们一班世界公有的学者，居世界，应行世界之道，世界进化，我们也有一分义务，骇得科学工艺先生，低头服小，不敢在中国扬眉吐气，还请老大哥"精神文明"二百五的当家，那就是精神罪孽深重，祸延显考故物府君，一去不回，也未可定。然而兄弟尽人拿去的主张，还是不负妄言的责任。后来可佛先生为别的讨论，说道：宋部长要取点故物在上海陈列，过后送还，你也预一个名去商量罢。我漫应曰：好极好极，我想把几件臭得可以的东西，叫上海洋鬼子开开眼界，也是要的。不料嗣后接到北平的诘问书，说道：你说故物不必搬迁，何以主张搬迁？又是列名第一呢？我知道牛头已不对了马嘴，刚刚故物已经装箱，也就不必分辩。弟本来根本瞧不起只类的臭东西，然弟又相信我的朋友，处置只类的臭东西，个个十分忠实，他们主张搬西安，如何如何安全，如何如何合式，我觉得十分有理，又有人主张搬洛阳开封，弟觉得同样的有理，又有主张迁南京，弟觉得他的理由也充足，又有人说迁上海，弟觉得理由同样的充足，弟根本则不惜愿再出个人之主张，或说迁杭州或迁广州，弟亦不来附议那一位，不是怕麻烦，而是伤心我认识的朋友，都是些号称精神物质兼顾的朋友，其实（我也不说了）……那一天政治会议讨论故物。刚刚我在镇江，我不知就里。我既不愿过问，并且也不便问。总而言之，统而言之，还请先生来领导我们，领导一切青年，走上一条干净无味的科学工艺路上去，至少学了苏俄，做一个五年计划，故物府君必康强无恙，否则二百五的再让精神大哥来说痴话，一旦脱神，故物府君寿终正寝，就是追想文献，替他作一篇有声有色的哀启，哀启而已，则亦何益之有哉？先生知其老毛病发作，容纳了一生了。恕其狂诞，复叩道安。

弟敬恒顿首。二月十二日

故宫博物院首任院长易培基（1880—1937）
辑自 1929 年《故宫周刊》第一期

从这封 1200 余字的公开信来看，国民党元老、与蔡元培同为故宫博物院第一届理事会理事的吴敬恒，对故宫古物南迁实际上是持反对意见的。我们知道，“九一八”事变之后，华北危急，故宫古物应迁移别处保存的计划也迅即被提出，故宫博物院秘书长李宗侗等坚主南迁，以免故宫国宝沦落日寇之手。但南迁涉及环节众多，运作不易且社会各界阻力极大。一来普通民众对战局的判断不一，有相当一部分民众认为日寇未必敢于进占北平，或者说不相信

吴瀛（1891—1959）

中国军队无力抵抗；二来当局高层人物如孙科等，也颇重视“民意”，认为此时不保土守民，而大费周章的去迁移古物，是舍本逐末，会失去民心。此外，一些著名学者也明确反对古物南迁，如鲁迅、胡适等也都为此发表意见。鲁迅就曾赋讽刺诗一首，诗云：“阔人已乘文化去，此地空余文化城。文化一去不复返，古城千载冷清清。”胡适也提出，不赞成迁移之举，理由有三：第一，因在国际人士监视之下，未必有人敢于破坏文化古物；第二，因故宫古物数量极巨，迁移并非易

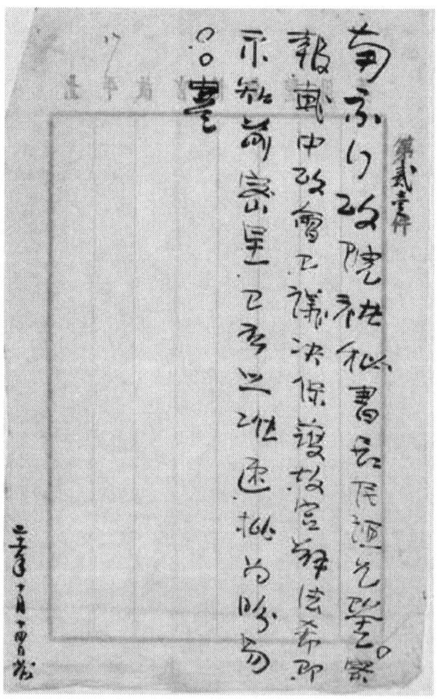

南京行政院褚秘书长民谊先生鉴。密。报载中政会已议决保护故宫办法，希即示知办法条呈，已否立送，并祈速抄为盼。易。寒

易培基密电（电报手稿） 1932 年 10 月 14 日
故宫博物院院长易培基密电南京行政院秘书长褚民谊：密报载中政会已议决保护故宫办法。

事，万一发生意外则责任谁负；第三，在南京上海均无适当地方存储，非万不得已时，绝不应轻易迁移……此外，社会上更谣传有当局变卖古物抵偿国债、故宫内部已在倒卖古物等骇人听闻的所谓“内幕”，一时间，人人提古物南迁而色变，群情激愤的反对声一浪高过一浪。

在这种情势之下，故宫博物院内部意见也极不统一，比方说后来押运古物南迁的吴瀛，起初的意见也是不支持南迁的，他在《故宫尘梦录》（紫禁城出版社，2005 年）中忆述称，“我一度与易寅村发生争执，我

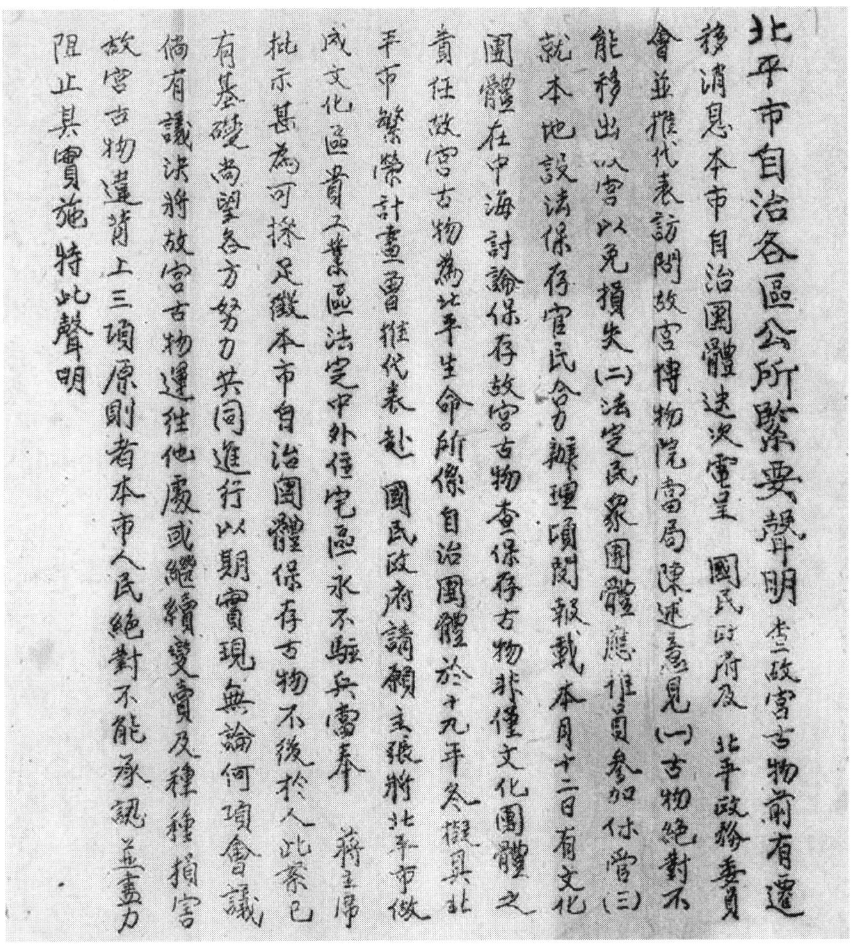

北平市自治各區公所緊要聲明 查故宮古物前有遷移消息本市自治團體迭次電呈 國民政府及 北平政務委員會並推代表訪問故宮博物院當局陳述意見(一)古物絕對不能移出以宮以免損失(二)法定民衆團體應推員參加保管(三)就本地設法保存官民合力辦理頃閱報載本月十二日有文化團體在中海討論保存故宮古物查保存古物非僅文化團體之責任故宮古物為北平生命所係自治團體於十九年冬擬具北平市繁榮計畫曾推代表赴 國民政府請願主張將北平市做成文化區貴工業區法定中外住宅區永不駐兵當奉 蔣主席批示甚為可採足徵本市自治團體保存古物不後於人此案已有基礎尚望各方努力共同進行以期實現無論何項會議倘有議決將故宮古物遷往他處或繼續變賣及種種損害故宮古物違背上三項原則者本市人民絕對不能承認並盡力阻止其實施特此聲明

北平市自治各区公所紧要声明

文中表示无论任何会议，倘有议决将故宫古物迁往他处或继续变卖，本市人民绝对不能承认并尽力阻止其实施。

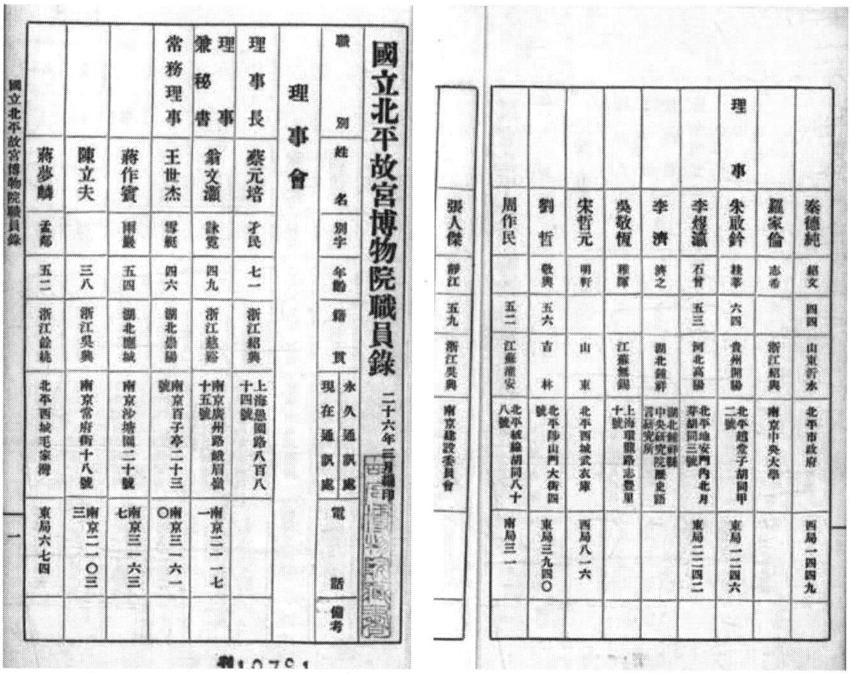

國立北平故宮博物院職員錄 二十六年三月編印

理事會

職別	姓名	別字	年齡	籍貫	永久通訊處／現在通訊處	電話	備考
理事長	蔡元培	孑民	七一	浙江紹興	上海愚園路八百八十四號		
理事兼秘書	翁文灝	詠霓	四九	浙江鄞縣	南京廣州路毓眉嶺十五號	南京二二一七一	
常務理事	王世杰	雪艇	四六	湖北崇陽	南京百子亭二十三號	南京三一六一〇	
	蔣作賓	雨巖	五四	湖北應城	南京沙塘園二十號	南京三一六三七	
	陳立夫		三八	浙江吳興	南京常府街十八號	南京二一〇三三	
	蔣夢麟	孟鄰	五二	浙江餘姚	北平西城毛家灣	東局六七四	
理事	秦德純	紹文	四四	山東沂水	北平市政府	西局一四四九	
	羅家倫	志希		浙江紹興	南京中央大學		
	朱啟鈐	桂莘	六四	貴州開陽	北平趙堂子胡同甲二號	東局一二四六	
	李煜瀛	石曾	五三	河北高陽	北平地安門內北月牙胡同三號	東局二二四二	
	李濟	濟之		湖北鍾祥	湖北鍾祥縣 中央研究院歷史語言研究所		
	吳敬恆	稚暉		江蘇無錫	上海環龍路志豐里十號		
	宋哲元	明軒		山東	北平西城武衣庫	西局八一六	
	劉哲	敬輿	五六	吉林	北平[illegible]山門大街四號	東局三九四〇	
	周作民		五二	江蘇淮安	北平絨線胡同八十八號	南局三一	
	張人傑	靜江	五九	浙江吳興	南京建設委員會		

國立北平故宮博物院職員錄 一

《故宫博物院职员录》中所载之理事会成员名单
1937 年 3 月编印

国立北平故宫博物院理事会理事长印

以为应该观望一下，我说：‘古物一出神武门的圈子，问题非常多，责任既重，闲话也多，内外的敌人，都等待着！我们最好不做此事’”。

当然，吴敬恒的反对意见，与上述种种还有区别，这种反对意见在当时显得极为特别，也极为与众不同。说直白一点，吴对故宫古物的观点就是听之任之，置之不理；他认为，抗战大局才是关键，打了胜仗自然古物无虞，打了败仗要那些古物何用。古物之所以是“臭东西”，就在于其无用；而在日寇进逼的危局之下，还要去为这些“臭东西”争来争去，更是莫名其妙。在信中，他引用了一个当时在国际文博界非常著名的成例，即所言的那个“前车之鉴”——“不要像观象台的天文仪器一样，抢回柏林，再请轮船恭恭敬敬送回来”。这是指一战后，战败国德国所履行的《凡尔赛和约》第 131 条规定，即“所有 1900 年及 1901 年德国军队从中国掠去的天文仪器，在本和约实行后 12 个月内概行归还中国。所有实行此项归还之举，所需费用，包括拆卸包装、运送北京建设之费用在内，亦由德国担任支付”。

原来，1900 年八国联军侵入中国，在侵占北京城期间，德军掠得古观象台天体仪、纪限仪、地平经仪、玑衡抚辰仪、浑天仪等 5 件仪器，并运回德国收藏。1919 年一战结束后，中国在巴黎和会上提出德国应归还曾掠走的天文仪器的要求，并最终将这一要求写入《凡尔赛和约》条款。1920

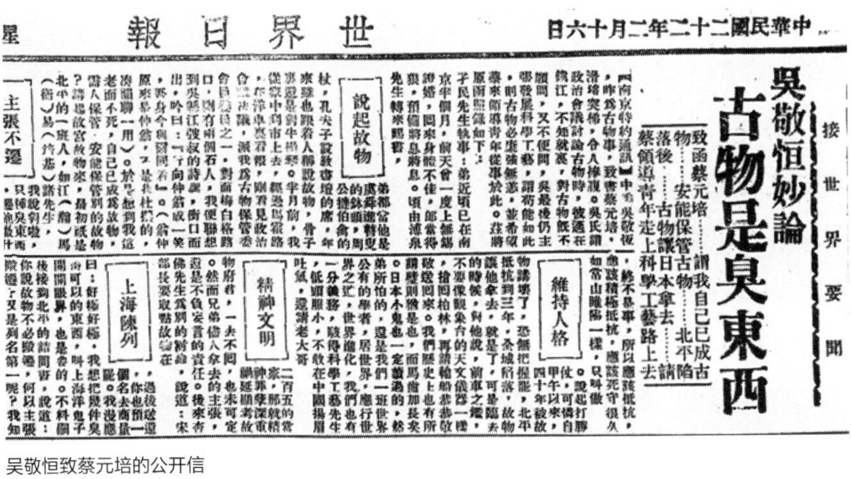
世界日報

中華民國二十二年二月十六日

接世界要聞

吳敬恒妙論

古物是臭東西

致函蔡元培 謂我自己已成古物 安能保管古物 北平陷落後 古物讓日本拿去 請蔡領導青年走上科學工藝路上去

說起故物

維持人格

精神文明

上海陳列

主張不還

吴敬恒致蔡元培的公开信

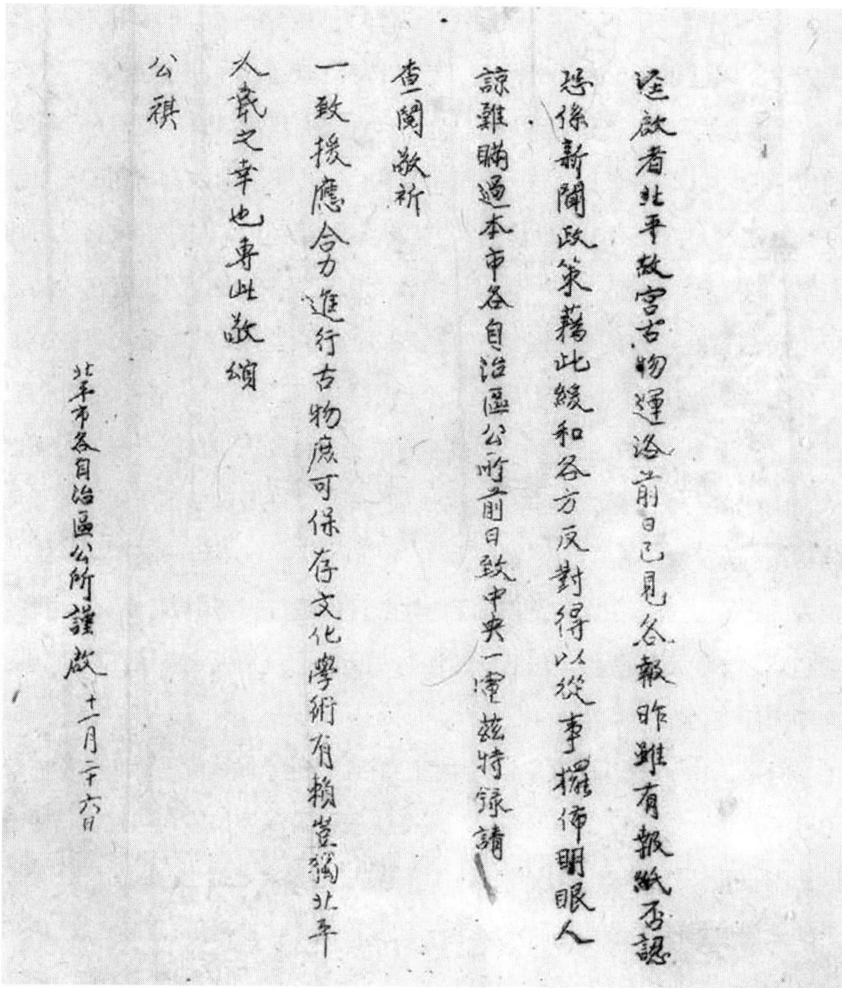

逕啟者北平故宮古物運洛前日已見各報昨雖有報紙否認然係新聞政策藉此緩和各方反對得以從事擺佈明眼人諒難瞞過本市各自治區公所前日致中央一電茲特錄請
查閱敬祈
一致援應合力進行古物庶可保存文化學術有賴豈獨北平人民之幸也專此敬頌
公祺
北平市各自治區公所謹啟 十一月二十六日

北平市各自治区公所致故宫博物院函　1932 年 11 月 26 日

1932 年 11 月 23 日，报载中委会议决故宫文物迁移洛阳保存。北平市各自治公所致电中央，陈述文物不可迁移洛阳。特录电文，敬祈故宫博物院增援，合力请求中央变更议案。

年 6 月 10 日，德国当局将这批仪器在波茨坦拆卸后，装入日本“南开丸”号轮船，运回中国。轮船于 1921 年 4 月 7 日辗转到达北京，由荷兰公使欧登克代表德国将仪器交给北京观象台。1931 年“九一八”事变后，为避免为日寇所掠夺，当局又决定将明代制造的浑天仪、简仪、漏壶、圭表和清代制的小地平经纬仪等七件仪器，运往南京紫金山天文台。吴敬恒之所以举这样一个成例，用意相当明显，即战争取得胜利，国家权益自然得到

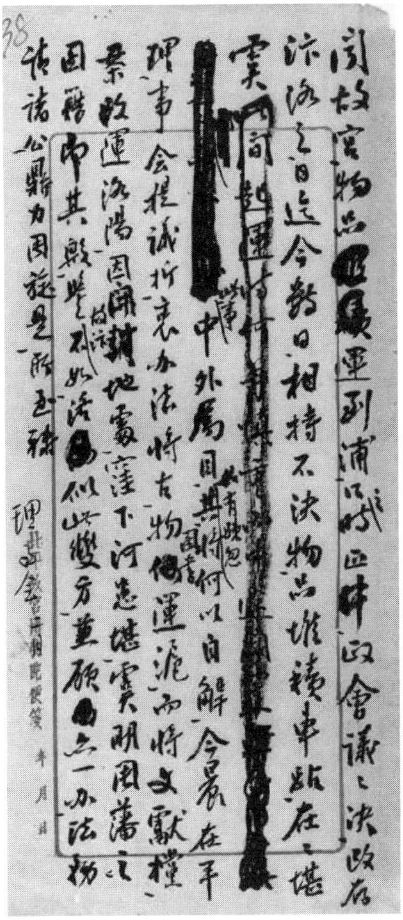

院长易培基院长致蒋介石电报底稿

第一批文物启运后，时任国民政府立法院副院长和文物管理委员会主任的张继突然向中政院提出将文物分存洛阳、开封。易培基就此致电蒋介石，陈述汴洛设备全无，毁散堪忧，请求速电中枢维持原案。

保障；战争尚未分出胜负，搬家逃避毫无意义。言下之意是说，全国民众不仅应有如此大局观，你蔡元培等主张古物南迁者更应有此大局观，无须为一堆古物殚精竭虑。

当然，无论吴是出于怎样一种立场去反对古物南迁，从信中的内容来看，古物已然开始南迁。再从这封公开信中涉及到的古物究竟迁移至何处的各方意见来看，这封信也并不是吴自己在古物南迁之前的率先表态，而应当是在收到古物南迁途中蔡元培的某种要求或建议之后，才有感而发遂一发不可收拾地表态。查阅《蔡元培全集》（浙江教育出版社，1998 年），可以看一看故宫古物南迁途中，究竟出了什么大事，蔡向吴求助所为何事。

原来，1933 年 2 月 10 日、11 日，蔡元培曾两次致信吴敬恒，皆因“忽接中央政治会议命令不准过江，并有即运洛阳之说……”。而“洛阳既无保险之建筑，尤无充分之军警，恐不妥当”，并提议“应如何设法补救，使这批古物不向洛阳而向沪，务请迅速进行”。应当说，这是两位故宫博物院理事之间紧急磋商的公函，吴对此应答与否、怎样应答，都不应当以公开信的方式发表出来。但吴偏偏就这样做了，其态度显而易见，一句话，给蔡送一上碗“闭门羹”。吴本来就不支持古物南迁，至于南迁到哪儿，洛阳还是上海，他都毫不关心。那么，之后的南迁线路如何，蔡又究竟如何应对？

装箱前集中放置的瓷器

文物装箱前的准备工作

在军警监督下装箱

古物陈列所文物装箱

搬运木箱

木箱装车待运

事实上，从目前可以寻获的文献资料来看，蔡元培之后再未就故宫古物南迁事宜致信吴敬恒，蔡、吴两位故宫博物院元老理事的相关工作交流就此中止。当年，仅从北平《世界日报》对古物南迁的跟踪报道来看，自第一批 2118 箱古物于 1933 年 2 月 7 日出发，2 月 9 日即抵达南京之后，南迁古物终将迁往何处的相关报道几乎天天见诸报端，迁去洛阳的动议及计划，似乎一步一步将成为现实。但一个月后，1933 年 3 月 6 日的报道，却给出了截然不同的最终去向——第一批古物中的 1054 箱运往上海，其余部分存南京行政院内。

至于古物为什么没有迁至洛阳，而仍按原计划迁往上海、南京等军政核心地区，则没有相关报道予以披露，蔡元培从中做过哪些努力，对古物南迁的策略有过怎样的坚持与调整，至今仍不十分清楚。但有一点可以肯定，蔡元培一直全力支持着古物南迁，并且凭借自己在国内文教界的号召力与影响力，让蒋介石、宋子文等当局高层人物对此予以高度关注，为古物南迁获得了更多的、来自国家权力顶层的强力支撑与资源保障。正是在当局高层人物的亲自过问之下，古物南迁去向的种种争论得以遏止，最终都以统一暂贮上海法租界及中央银行，再分批转运南京而尘埃落定。事实上，故宫及其古物保护的头绪纷繁，在当时国内军政各种势力交错之下，除了要为古物南迁出谋划策、铺平道路，蔡还要坐镇北平，为整个不可迁移的故宫及其遗存文物之保护，而四处奔走、呼吁呐喊。

就在蔡元培等通力协作之下，1933 年 5 月 23 日，由故宫运抵上海的第五批古物，安全送达中央银行暂贮。在这最后一批古物运抵上海之前，北平的故宫及其文物保护工作并未中断，还有所加强。当年 5 月 9 日，蔡还向蒋介石致电呼吁，请其“勿在故宫内驻兵”，但同时又要求其为故宫安设防御工事，“免使代表国粹及伟大建设被破坏”（这封电文由《世界日报》摘要刊出，《蔡元培全集》未辑入）。

一年之后，1934 年 4 月 4 日，故宫博物院理事会首次会议在南京召开，一致推选蔡元培为理事长，并决定存沪古物中的部分文献档案运至南京保存。5 月 8 日，蔡元培又在南京行政院，组织召开了首次故宫博物院

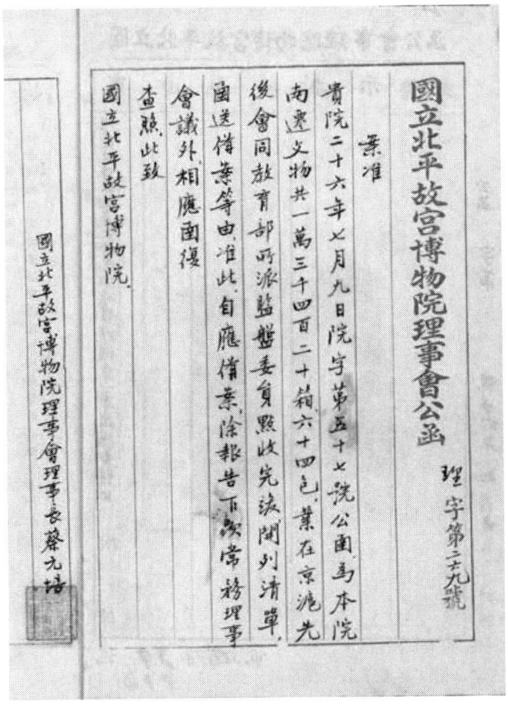
國立北平故宮博物院理事會公函 理字第二六九號

案准

貴院二十六年七月九日院字第五十七號公函，爲本院南遷文物共一萬三千四百二十箱六十四包，業在京滬先後會同教育部所派監盤委員點收完竣，開列清單，函送備案等由，准此。自應備案，除報告下次常務理事會議外，相應函復，

查照，此致

國立北平故宮博物院

國立北平故宮博物院理事會理事長蔡元培

蔡元培所发故宫博物院理事会公函

函准国立故宫博物院南迁文物点收完竣，请予备案。

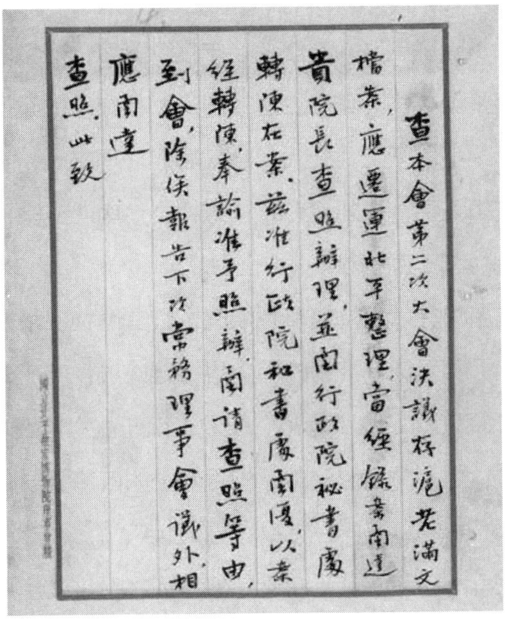
查本會第二次大會決議存滬老滿文檔案，應遷運北平整理，當經錄案函達

貴院長查照辦理，並函行政院秘書處轉陳右案。茲准行政院秘書處函復，以案經轉陳，奉諭准予照辦，函請

查照等由，到會，除俟報告下次常務理事會議外，相應函達，

查照，此致

故宫博物院理事会理事长蔡元培致院长马衡函

经理事会第二次大会决议："存沪老满文档应迁运北平整理。"并函达行政院，奉谕准予照办。

故宫博物院建筑南京分院保存库奠基礼留影

摄于 1936 年 4 月 15 日。中立者分别为蔡元培、马衡，蔡元培左侧第一人为袁同礼；右起第三人为赵深，前排左起第二、三人分别为蒋廷黻、褚民谊。

常务理事会会议。除了审议人事任免、年度预算等，还特别提到正缜密计划，要彻底清查整理故宫的家底。而故宫文物保存库的建设经费，也增拨了二十万元，即刻可以开工。之后，蔡三届连任理事长，直到“七七”事变之后，日军占领北平，蔡才离开。就这样，他南北交驰，在动荡时局与战火绵延中，为故宫及其古物的守护全力以赴。

在蔡连任三届故宫博物院理事长期间，故宫博物院南京分院（中央博物院）正式成立，专为保存古物的库房也相继建成，南迁抵沪的故宫古物又分批转运南京。不久，“淞沪会战”爆发，南迁古物也因之开始了更为崎岖多舛的大迁徙，全力向更为偏僻、相对安全的西南方向分散保存；分批多路转运至长沙、贵阳、巴县、宜昌、重庆、乐山、成都等地贮存，直至抗战胜利，方才再次运回南京。而遗憾的是，这些负载着中华文化精魂的国宝，还在跋山涉水、辗转四方之际，蔡元培已于 1940 年 3 月 5 日在香港病逝，终未能亲自见证这些国之瑰宝聚散依依的最后结局。

梁思成：文渊阁里悟营造

梁思成 (1901—1972)

汉唐时期的古建筑并不易得见，梁思成等要寻获这些“高古”遗物，也大多是在后来长途跋涉的田野考察之中，是在河北、山西的偏僻山区之中方才发现的。而对于他而言，在当时最易得见，最易上手的，乃是近在眼前的清代故宫古建筑群。可以揣想得到，在《中国建筑史》的章节编排中，虽然描述故宫的文字排在了《中国建筑史》的最末，但完全有可能是梁思成最早完稿的部分。

梁思成（1901—1972）之于故宫，归结起来，至少有三大因缘。一是故宫以古典顶级建筑样本的超级范例，为其中国建筑样式学、古典建筑美学打通权威路径；二是故宫为其撰著《中国建筑史》奠定坚实基础；三是故宫为其测绘、修复古建筑提供了最初蓝本。

1942 年，因抗战内迁至四川宜宾李庄镇的梁思成，开始编写《中国建筑史》。恶劣艰苦的生活环境，脊椎软骨硬化病发作，使他不得不经常穿戴着“铁马甲”工作。在林徽因和莫宗江、卢绳等人的协助下，一部由中国人自己编写的中国古代建筑史，终于在 1944 年完稿。在这部具有开山意义的《中国建筑史》中，对于作为中国古典建筑史的终点——清代建筑史，梁思成“当仁不让”地举出故宫为核心案例，指明了故宫作为中国古典建

梁思成（后者）在四川李庄营造学社内工作存照

筑集大成者的重要地位。他这样写道："现存清代建筑物，最伟大者莫如北京故宫，清宫规模虽肇自明代，然现存各殿宇，则多数为清代所建。今世界各国之帝皇宫殿，规模之大，面积之广，无与伦比。故宫四周绕以高厚城垣，曰紫禁城。"

关于紫禁城内宫殿布局，建筑特点及测绘数据，梁思成更有详尽描述，俨然可为专业性极高的导游解说词模板。文曰：

> 城东西约七百六十米，南北约九百六十米，其南面更伸出长约六百米，宽约一百三十米之前庭。前庭之最南端为天安门，即宫之正门也。天安门之内，约二百米为端门，横梗前庭中，又北约四百米，乃至午门，即紫禁城之南门也。紫禁城之全部布局乃以中轴线上之外朝三殿，太和殿，中和殿，保和殿为中心，朝会大典所御也。三殿之后为内庭三宫，乾清宫，交泰殿，坤宁宫，

更后则为御花园。中轴线上主要宫殿之两侧，则为多数次要宫殿。此全部宫殿之平面布置，自三殿以至于后宫之任何一部分，莫不以一正两厢合为一院之配合为原则，每组可由一进或多进庭院合成。而紫禁城之内，乃由多数庭院合成者也。此庭院之最大者为三殿。自午门以内，其第一进北面之正中为太和门，其东西两厢则左协和门,右熙和门,形成三殿之前庭。太和门之内北为太和殿，立于三层白玉石陛之上，东厢为体仁阁，西厢为弘义阁，各殿阁间缀以廊屋,合为广大之庭院。与太和殿对称而成又一进之庭院者，则保和殿也。保和殿与太和殿同立于一崇高广大之工字形石陛上，各在一端，而在石陛之中则建平面正方形而较矮小之中和殿，故其四合庭院之形制，不甚显著，其所予人之印象，竟使人不自觉其在四合庭院之中者。然在其基本布置上，仍不出此范围也。保和殿之后则为乾清门，与东侧之景运门，西侧之隆宗门，又合而为一庭院。但就三殿之全局言，则自午门以北，乾清门以南实际上又为一大庭院，而其内更划分为四进者也。此三殿之局，盖承古代前朝后寝之制，殆无可疑。但二者之间加建中和殿者，盖金、元以来柱廊之制之变相欤。乾清门以北为乾清宫，交泰殿，坤宁宫，即内庭三宫是也。乾清宫之东西厢为端凝殿与懋勤殿，坤宁宫之东西厢为景和门与隆福门。坤宁宫之北为坤宁门，以基化门、端则门为其两厢。其全部布置与外朝三殿大致相同，但具体而微。除三殿三宫外，紫禁城内，尚有自成庭院之宫殿约三十区，无不遵此“一正两厢”之制为布置之基本原则。内庭三宫之两侧，东西各为六宫；在明代称为“十二宫”，清之世略有增改，以致不复遥相对称者，可谓为后宫之各“住宅”。各院多为前后两进，罗列如棋盘，但各院与各院之间，各院与三宫之间，在设计上竟无任何准确固定之关系。外朝东侧之文华殿与西侧之武英殿两区，为皇帝讲经藏书之所。紫禁城之东北部，东六宫之东，为宁寿宫及其后之花园，为高宗禅位后所居，其后慈禧亦居矣。此区规模之大，

> 几与乾清宫相埒。西六宫西之慈宁宫，寿康宫，寿安宫，均为历代母后所居。就全局之平面布置论，清宫及北京城之布置最可注意者，为正中之南北中轴线，自永定门正阳门，穿皇城，紫禁城，而北至鼓楼，在长逾七公里半之中轴线上，为一贯连续之大平面布局自大清门（明之大明门，今之中华门）以北以至地安门，其布局尤为谨严，为天下无双之壮观。唯当时设计人对于东西贯穿之次要横轴线，不甚注意，是可惜耳。清宫建筑之所予人印象最深处，在其一贯之雄伟气魄，在其毫不畏惧之单调。其建筑一律以黄瓦红墙碧绘为标准样式（仅有极少数用绿瓦者），其更重要庄严者，则衬以白玉阶陛。在紫禁城中万数千间，凡目之所及，莫不如是，整齐严肃，气象雄伟，为世上任何一组建筑所不及。

这1200余字的故宫简介，不但是梁思成的专业经验之总结，更有“为世上任何一组建筑所不及”的民族自豪感流露无遗。事实上，在那个抗战烽烟四起的年代，包括梁思成等在内的内迁至西南大后方的各地学者，都在思索整个中华民族的前途与未来。在北平千里之外，西南一隅的江边小镇中，梁思成硬撑着病体，写下这段关于故宫的文字之时，究竟是怎样的情景与语境呢？

事实上，《中国建筑史》从孕育到诞生，都与故宫有着不解之缘。从专业角度审视，无可否认的是，梁思成于1942年至1944年编写的《中国建筑史》，其内容主体乃是一部中国古代官式建筑史。这样一部著述的编写思路，应当是梁思成以故宫为代表的清代官式建筑为“主流建筑”样式，并逐渐以这种样式体系反推递延至汉唐时期，由此摸索出来的一条中国古典建筑史的基本脉络。显然，汉唐时期的古建筑并不易得见，梁思成等要寻获这些“高古”遗物，也大多是在后来长途跋涉的田野考察之中，是在河北、山西的偏僻山区之中方才发现的。而对于他而言，在当时最易得见，最易上手的，乃是近在眼前的清代故宫古建筑群。可以揣想得到，在《中国建筑史》的章节编排中，虽然描述故宫的文字排在了《中国建筑史》的

梁思成在北平中央公园中国营造学社办公室旧址留影

最末，但这关于故宫的章节，完全有可能是梁思成最早完稿的部分。

那么，梁思成的《中国建筑史》为什么偏偏会是在抗战期间，大批学者都迁移至西南后方才完成的呢？为什么当时未能将这一工作尽早完成，为什么没有在抗战爆发之前，就在生活环境与学术环境都更佳的北平完成呢？梁思成最早接触到故宫是在什么时候，他又在故宫中获得了怎样的学术启示与成果？在这一系列追问之前，还需略微了解一下梁思成所处的时代，及这一时代的国际建筑学发展态势了。

纵观梁思成发意编写《中国建筑史》的时代，中国学者的地位与境遇，都非常不乐观，简直可以说是悲观透顶。因为至 20 世纪 30 年代，在欧美列强的西方建筑学一统国际学术界的情形之下，日本建筑学家及相关研究学者也正迎头赶上，他们大都在中国内地进行过各种古建筑实地测绘与考察，得出过图文并茂、质量与数量皆相当可观的学术成果。与此同时，日本学者早已提出了“东洋建筑学”理论体系；并断言中国国内已无唐代木结构古建筑，且以日本国内所保存的飞鸟时代（约公元 7、8 世纪）古建筑为研究所谓东洋建筑的“祖本”。此时，日本学者常盘大定、关野贞的《支那文化史迹》、大村西崖的《支那美术史》、伊东忠太的《支那建筑史》等均已出版发行，梁思成等中国建筑学家在世界建筑史领域内的“话语权”已落人后。

无论是出于不愿甘居人后的民族自尊心使然，还是出于抗战时局之下的民族自觉性的要求，梁思成等开始着意创写与编撰《中国建筑史》，应当可以追溯到1931年“九一八”事变前后。应当说，中国人编撰中国自己的建筑史，理所当然，也自然而然；但在外国学者尤其是日本学者，已经在三十年代纷纷写成或部分写成了中国建筑史之际，梁思成等想完成这一历史性的工作，其内心的焦灼与急迫，也就可想而知了。而《中国建筑史》的写作行将开笔的时刻，身在北平的梁思成，首选以故宫为清代建筑代表性作品，而尽快将其纳入写作框架之内，实属必然。这一切，无论开端的契机还是最终的总结，都必然要与故宫发生千丝万缕的联系。

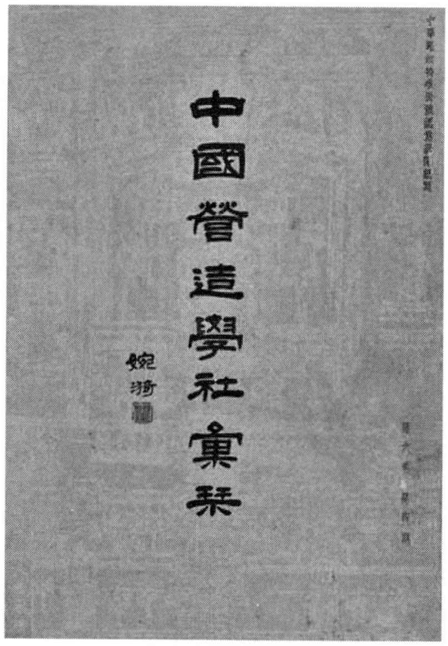

《中国营造学社汇刊》
梁思成等关于故宫建筑测绘、维修方案等文章均首发于此。

作为试图以现代建筑学方法审视中国古典建筑的中国学者，梁思成无疑是“海归”中的精英分子。他在美国宾夕法尼亚大学专攻建筑学，1928年归国后，即执教东北大学建筑系——中国大学中最早设立的建筑系。但1931年“九一八”事变之后，东北大学建筑系在内忧外患之中无法存续，梁思成不得不返归北平，并于次年在北大执教，后又在清华兼职。在刚刚返回北平时，并未即刻执教的他，因朱启钤的大力荐举，加入“中国营造学社”，并任该社法式部主任，开始潜心钻研中国古典建筑的“法式”之谜。这时，除了成书于宋代的《营造法式》已被发现之外，清代的《工部工程做法则例》也摆在了他的案头。他认为，这本清代官方制订颁布的建筑专书，更接近于现代建筑学的专业体例，研究中国古典建筑，尤其是研究以故宫为代表的清代官方建筑，必须从解读这部专书入手。于是，他以此书为蓝本，开始了艰难的古代建筑文献与古代建筑实物的双重“解

文渊阁旧影　辑自 1936 年《国立北平故宫博物院年刊》

文渊阁外景　摄于 20 世纪初

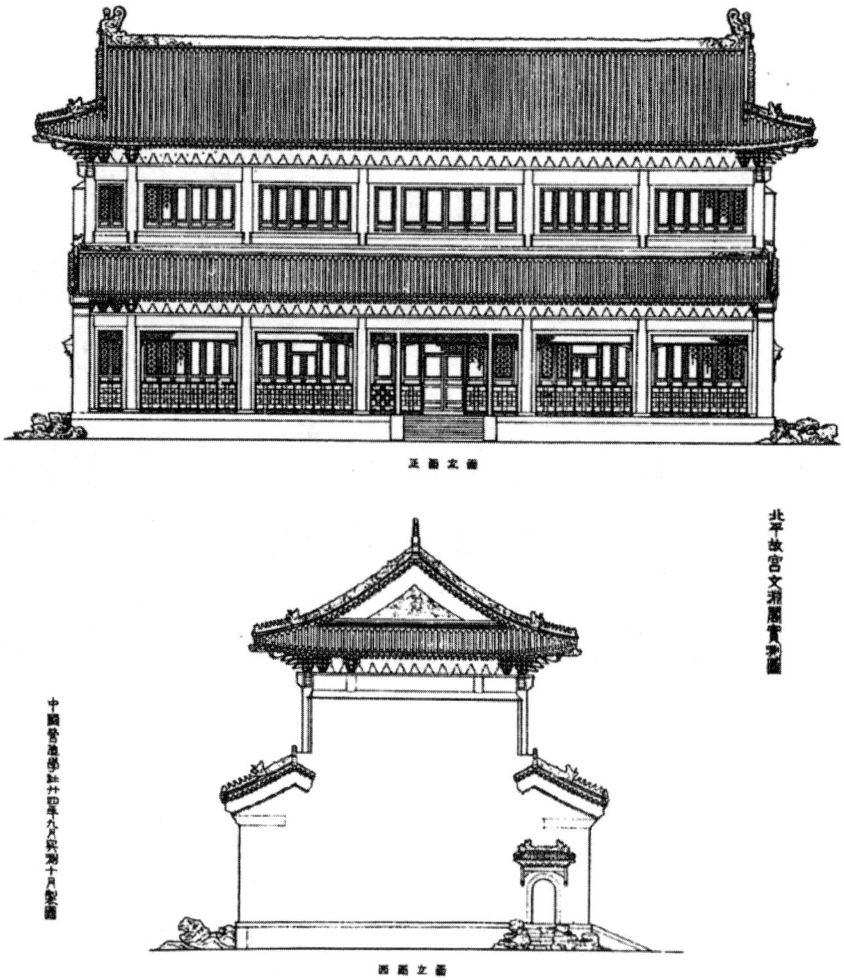

文渊阁实测图　中国营造学社 1935 年 10 月制图

码”历程。

1932 年 10 月，故宫文渊阁支撑书架的樑柱有严重下沉，“各层书架之上部向前倾倚，大有颠扑之势”;“上层地板中部向下凹陷”，情况实在堪忧。故宫博物院方面，虽然早前已将阁中存书全部取下，存入别库，但还是希望找到楼面沉陷的症结所在，以便及时修理。时任故宫博物院总务处长的俞星枢，即刻向正在故宫进行测绘工作的营造学社提出请求，要求派社员至文渊阁现场勘查，给出专业的修复计划。于是，梁思成与刘敦桢，就拎着工具箱，步入故宫，开始相关勘查工作，这也是他第一次以专业眼光审视故宫建筑。

文渊阁位于故宫东华门内文华殿后，原为明代圣济殿旧址，是清宫中最大的皇家藏书楼。始建于乾隆三十九年（1774），乾隆四十一年（1776）建成。乾隆四十七年（1782）春，第一部《四库全书》告成，收藏于此。文渊阁的历史价值与文化地位，自然毋庸多言，而此刻这所特殊建筑，对于梁思成而言，还有印证《工部工程做法则例》的重要实证作用，这对于他以“二重证据法”解读古代建筑文献，及日后编成《中国建筑史》都大有裨益。

且看他在《清文渊阁实测图说》中的观点，就很能说明问题。该文中专列有“结构”一节，这样写道：

> 阁之梁架结构，大体以《工程做法》所载九檩硬山楼房为标准，惟利用下檐地位，增设暗层，与檐端施斗拱，及屋顶易为歇山数事，非是书所有耳。

这是既有大体上的“原则符合”，又有实际建造过程中的“创举”，梁思成为此进行了精确的评判与描述。在上述这段“总评”之后，他更分条列举了不符合《工程做法》的种种结构特征，并据此分析出了文渊阁楔柱严重下沉的症结所在。他写道：

> 此阁柁、梁、楞木，如前所述，其配列法虽无不妥，但因用材施工，不得其当，致年久楼板下陷，成为结构上重大之缺点。据民国二十一年著者等调查，其上层明间楞木之中点，较两端下垂约三公分，而承重大柁，竟下垂八公分余，然其时书籍适移藏库房，荷重减轻，几逾半数，否则弯曲度尚不止此。按此阁楞木断面，近于方形，极不合力学原理，其中央复置集中荷重之书架，以致发生上述结果。至其承重大柁，断面积根本既嫌不足；重以

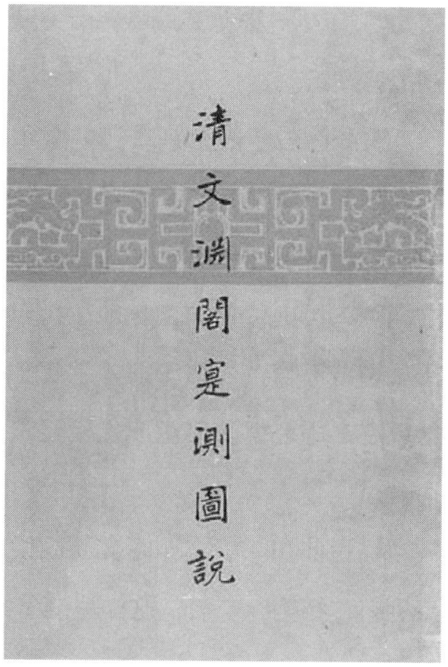

《文渊阁藏书全景》

内含《清文渊阁实测图说》、《四库全书简明目录》、文渊阁图片、附英文说明，合装一函，1935 年 12 月印制。

数木拼合，外加少数铁箍，工作异常草率；而柁之两端，接榫过狭，复无雀替，或间柱承托其下，宜其诱致下垂之危险。设非彻底修缮，恐难再供庋藏图书之用矣。

梁思成与刘敦桢合写的这篇文章，于1935年12月发表于《中国营造学社汇刊》第六卷第二期上；两位才三十余岁，喝过“洋墨水”的少壮“海归”，以其扎实稳健、中西合璧的专业素养，受到了老社长朱启钤的特别赞赏。为此，学社方面特意将此文单独抽出，印制为精美的单册书籍。又将此册，与《四库全书简明目录》1册、文渊阁图片11张、附英文说明1册合装一函，总名为《文渊阁藏书全景》；郑重其事地，以此作为向国内外贵宾介绍故宫文渊阁的权威读本，予以公开发售。

特别值得一提的是，在《清文渊阁实测图说》完稿之前，1932年末的《中国营造学社汇刊》第三卷第四期之上，梁思成与同事合写的《故宫文渊阁楼面修理计划》，已经刊载了出来。这是一篇纯粹以现代建筑学方法来解决古建筑修复的重要论文，不仅仅是探讨古建筑现状及修复之设想，而是以科学计算的方式，明确提出了修复方案，堪称中国古建筑修复的开篇之作。

《故宫文渊阁楼面修理计划》一文，得出勘查结果称，“现有大柁，每平方吋承受一千二百余磅之荷载，超过容许荷载力约一倍，宜其柁身向下弯曲，发生楼面下陷之现象也。至于柁之铁箍过少，与两端接榫过狭，且无雀替补助，皆不失为次要原因”。针对这一症结，该文给出修复方法五种，“中央书架下之龙骨，及南北向大柁所受荷载，皆较容许荷载力更大，自宜设法早日掉换新料，代替业已垂曲之旧材。掉换之法，不外用（甲）木柁，（乙）工字钢梁，（丙）Trussed Girder，（丁）Tie-rods，（戊）钢筋水泥数种”。在这五种修复方法中，又提出两大古建筑修复基本原则，即“惟按修理旧建筑物之原则，在美术方面，应以保存原有外观为第一要义。在结构方面，当求不损伤修理范围外之部分，以免引起意外危险，尤以木造建筑物最须注意此点”。

在修复古建筑中，强调外观上的“修旧如旧”与结构上的“局部控制”

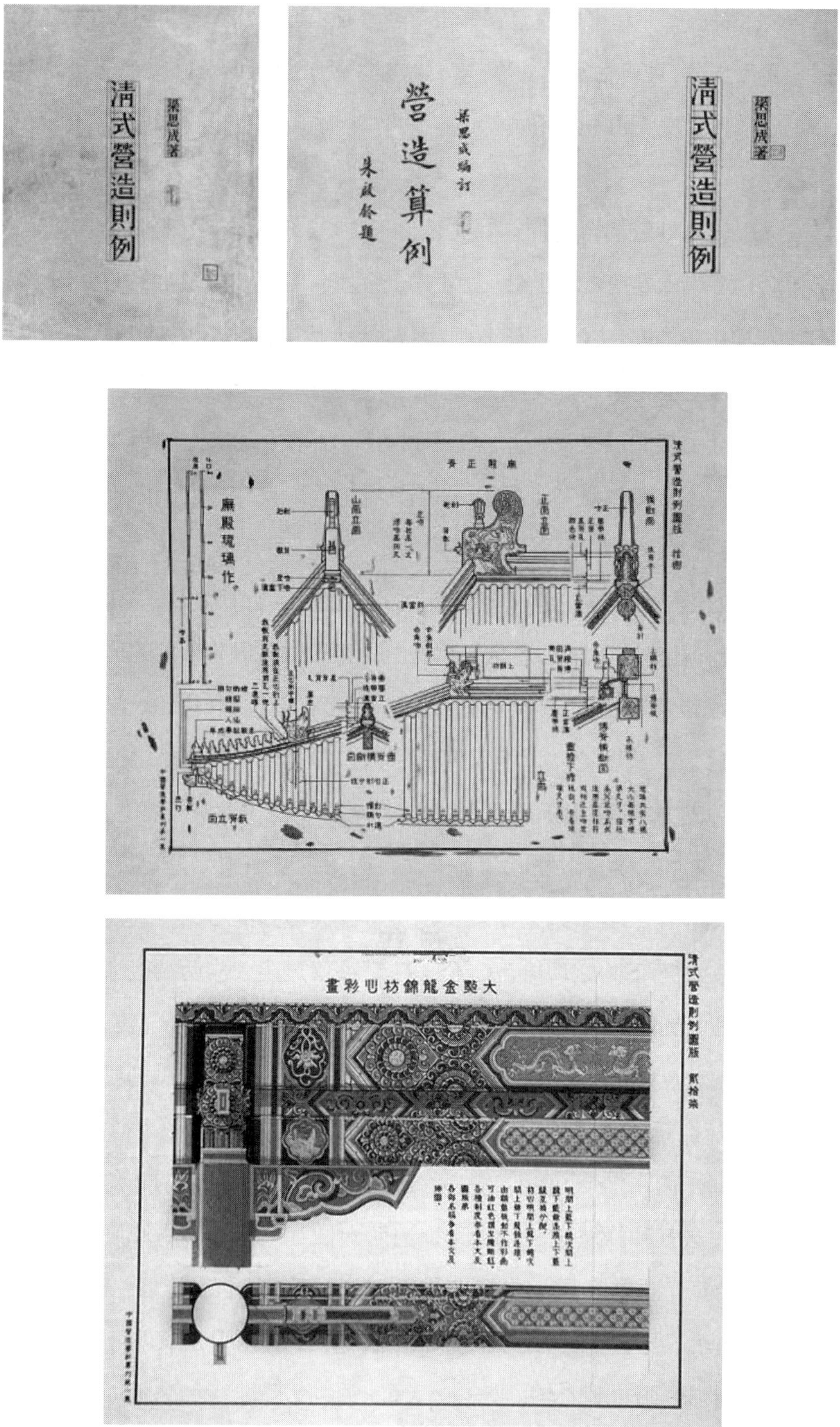
清式營造則例
梁思成著
營造算例
梁思成編訂
朱啟鈐題
清式營造則例
梁思成著
大點金龍錦枋心彩畫
清式營造則例圖版 貳拾柒

梁思成著《清式营造则例》

的两大基本原则前提下，对上述五种修复方法一一进行施工难度与经济核算之后，文中明确指出，“就以上各种修理方法观之，当以钢筋水泥最为适当”，并据此给出了具体的施工设想。如果说故宫古建筑修复提供的是模板性质的经验，那么，这篇论文在中国古建筑修复领域所产生的影响，应当是巨大且持续的。也正因为如此，中国古建筑学本身不再是纯粹封闭的“古物”，因梁思成等现代建筑学家的介入，而渐次打开了融入现代建筑学的门径。

测绘故宫文渊阁，给了梁思成深入探研、实地考量中国顶级古典建筑的契机，他的古建文献与实物“双重解码”工作也仍在紧锣密鼓的行进之中。梁思成坚持认为，研究中国古典建筑，“唯一可靠的知识来源就是建筑物本身，而唯一可求的教师就是那些匠师”。他在北平城内四处探访，拜几位曾在宫里做工的老木匠和彩画匠为师，配合研究以故宫为代表的清代建筑，基本弄清了《清工部工程做法则例》一书中的种种术语与施工实例。在 1932 年当年，梁思成即着手编写《清式营造则例》，并于 1934 年正式出版。书中详述了清代官式建筑的平面布局、斗拱形制、大木构架、台基墙壁、屋顶、装修、彩画等的做法及构件名称、权衡和功用，并附《清式营造辞解》、《各种权衡尺表》、《营造算例》和图版 28 页，堪称中国建筑史学界和古建筑修缮专业领域中一部重要的“文法课本”。

景山五亭旧影　辑自 1936 年《国立北平故宫博物院年刊》

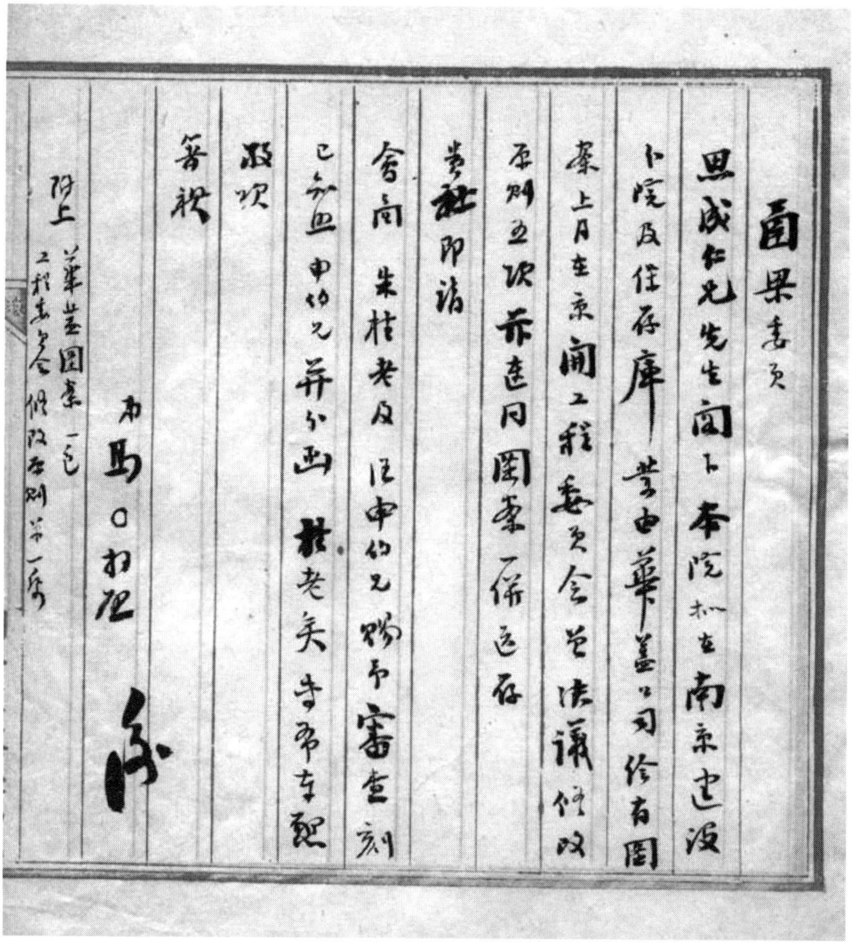

院长马衡致梁思成函

1936年1月2日，马衡就建设南京分院及保存库事宜致函中国营造学社法式组主任梁思成，随函附寄库房修改原则5项及华盖公司绘制图案。

1933年冬，故宫博物院又拟对景山五亭进行修复，仍然致请营造学社，进行实地勘查与拟订修复计划。梁思成通过现场实测，发现“观妙、辑芳、周赏、富览四亭，梁架完整，无倾颓现象”；但“山巅万春亭又因东北角之角金柱，下部腐朽，与台基下沉之故，致动原定附近梁架及上下三层之檐，向下垂曲，势极可危”。他为此与同事一道研究，拟订了《修理故宫景山万春亭计划》。

这篇修复计划书，从万春亭的基础、柱、梁枋、斗拱、檩椽、望板、老角梁、仔角梁、屋面瓦脊、装修、彩画、栏杆的各个部件着手，都分别拟订有详细的修复办法及施工意见。文末还附有“景山五亭应补修名件表”，将景山五亭各种已损坏或遗失的独立建筑部件一一列举出来，供修复时参照。

1934 年 3 月，这篇《修理故宫景山万春亭计划》发表于《中国营造学社汇刊》第五卷第一期上，并迅即得到了故宫博物院方面的采纳，景山五亭的修复工程也于 1935 年 12 月竣工。正是上述这些专业且周密的古建筑勘查报告、论证充分且可操作性强的修复计划，让故宫博物院对中国营造学社的专业水准刮目相看，也让该社在学术界声名鹊起，为同仁们所看重与赞赏。

1934 年这一年，对于梁思成而言，无论在参与故宫古建筑勘察与修复方面，还是在解读探研《清工部工程做法则例》等古建筑文献方面，都可谓硕果累累。也正是在这一年，中国营造学社受中央研究院历史语言研究所委托，开始详细测绘故宫，并接受其为此支付的 5000 元工作费。这项工作即由梁思成负责，其间共测绘故宫建筑 60 余处，还测绘了安定门、阜成门、东直门、宣武门、崇文门、新华门、天宁寺、恭王府等处北平古建筑。这一年，梁思成将自己整个身心完全浸染于故宫这个中国顶级古典建筑的样本库之中，这对其构建以中国官式建筑为主流样式的中国建筑史体系的价值与意义不言而喻。

1935 年 1 月，专事修葺北平旧都古建筑的旧都文物整理委员会成立后，梁思成还出任该委员会专门委员。北平各坛庙的修葺计划，拟于当年 4 月启动，从天坛维修开始，梁思成也亲赴测绘及相关指导工作。北平《世界日报》于当年 1 月 15 日刊出了这则消息，但把梁思成的名字按照读音错写为“梁漱澄”，也成为当年新闻界一桩趣闻。在 1 月 23 日，该报还报道了“我国唯一研究古代建筑学术团体营造学社近况”，这则报道中则明确介绍称“中国营造学社，为日前我国唯一研究古代建筑之学术团体，由朱启钤发起，梁思成主其事”。在 2 月 12 日，该报又报道了景山五亭修葺工程开工的新闻，这一次没有再弄错梁思成的名字，称“营造学社工程专家刘南策、梁思成等，拟具工程计划，定于本月内开始兴工修葺，使其基础坚固，焕然一新，藉资保存固有古迹”。显然，随着全面测绘故宫的工作开展，一方面，梁思成解读古代建筑文献，编写中国建筑史的工作也随之进展，另一方面，大量的故宫建筑之维修及北平古迹保护工作，他也必然要参与其中，并为之贡献力量，与之同时，也逐渐为北平市民及大众读者们所熟悉了。

虽然随着 1937 年“七七”事变爆发，梁思成等最终未能完成整个故宫的测绘，相关工作也因之中断；但在此期间，以梁思成为核心的学社同仁们，陆续编写出版的《中国建筑设计参考图集》（1935—1937，1941 年改订）、《中国建筑史》（1942—1944）、《图像中国建筑史》（1946）中，都不难发现故宫在这些著述中的重要地位与特殊价值。在这些或为图说，或为史论；或为中文解说，或为英文介绍的图文著述之中，故宫作为中国古典建筑的集大成与收官之作，始终在彰显其作为中国古建顶级样本的独特魅力。

此外，在 1949 年前后，梁思成竭力保护北平古建筑的种种感人事迹，在此无需赘言；他那将包括故宫在内的北平旧城完整保留的“梁陈方案”，虽最终未能实现，却也已是近二十年来学术界、公共文化界热议已久的话题。抛开梁思成这些晚年情怀与行迹不谈，单单是查阅一下其 1934 年前后的论文与著述，故宫之于梁思成，其无可替代的重要性，就已跃然纸上，过目难忘了罢。

陈垣：解读秘籍秘法

陈垣（1880—1971）

具有学者本色的陈垣，与故宫博物院的工作联系与学术渊源从未因时局动荡、军阀阻挠而中断。在被传唤与监视之前，他要与清室遗老势力干扰故宫博物院正常运作的种种伎俩针锋相对，还要为各派系军阀企图染指故宫遗产的种种行径而苦思缓兵之计；而北伐功成之后，在相对统一稳定的中央政府管辖之下，他返身躬耕于故宫的书山史海，以高超的学术手眼淘沙拣金……

1926年9月9日，北平《世界日报》第三版的新闻里，“故宫博物院成立点交委员会”的新闻，与一则“陈垣昨早被传”的新闻并列一处：

陈垣昨早被传旋经孙宝琦等保释

复旦社云，前教育次长、清室善后委员会事务长陈垣，昨早八时，被某司令部传去。嗣经孙宝琦、庄蕴宽保释。至午后四时，即已释放。至被传原因，闻係为清官交代问题云。

故宫博物院成立点交委员会　推定起草员拟具点交办法

故宫博物院，因政府另组保管委员会，预备接收，原有院中物品，异常重要。旧日院中人员，如各部原派助理员及所聘各界顾问及该院职员等，均主张应组织点交委员会，专办点交，以昭慎重，面清手续。兹闻昨日该院已正式成立点交委员会，推定起草委员，拟具点交办法，预备新委员会之点收机关成立后，实行点交云。

据这两则新闻来看，1926年9月8日，时任清室善后委员会事务长的陈垣被某司令部传去与故宫博物院成立点交委员会是在同一天，这就未免有些匪夷所思了。在1924年末代皇帝溥仪被“逼宫”之后，清室善后委员会就一直是故宫遗产的最直接、最高级别的管理机构，成立点交委员会这么大的事体，如何少得了委员会的事务长呢？为什么偏偏在这个时候，事务长陈垣又被传唤了呢？他究竟所犯何事，会被某司令部传唤呢？这某司令部究竟又是哪支派系军队的司令部？这一系列的疑问接踵而至。

陈垣的长孙陈智超在近90年后，终于揭开这一事件真相，在其编著的《殊途同归：励耘三代学谱》（东方出版社，2013年）一书中忆述了作为清室善后委员会事务长的陈垣，当时与军方冲突的内幕种种。

原来，在冯玉祥逼走溥仪之后不到两年，1926年3月底，在直、奉两系军队夹击之下，冯玉祥的国民军在军事上失利，冯下野远走苏联；紧接着，段祺瑞也被驱逐，整个北平，一时竟没有一个统一合法的政府了。故宫原由国民军驻守，此刻只得请内务部的警卫队接防。理事会随即决定由理事陈垣为代表，办理驻防交接手续，定于4月5日开交接会。未曾想到，就在开会的前一天（4月4日），奉军轰炸北京，并在故宫南三所门外投炸

陈垣当选国会议员留影 1912年

弹一颗。但次日交接会仍照旧举行。在会上，陈垣发言强调，说明军队换防只是为保卫，不是接管故宫。

1926 年 6 月，杜锡珪在北京组织新内阁，新内阁在“国务会议”上通过改组故宫议案，另成立“故宫保管委员会”，准备来“保管”故宫。保管委员会由清朝遗老及新内阁人员组成，赵尔巽、孙宝琦为正、副委员长。

9 月 3 日（按：《殊途同归》一书作“8 月 3 日”，据《世界日报》报道推算，应为“9 月 3 日”），赵、孙以正、副委员长名义宴请故宫理事会，拟谈判接管事宜。理事会决定由陈垣、俞星枢等四人出席。会上，陈垣代表善后委员会发言：“如果你们要接管故宫，必需组织点交、接收两个委员会才能交接。必需点完一处，移交一处，未点之前，仍用旧封，由旧会负责；点完之后，移交新会换封，由新会负责。”他并严肃提出：“接管一定要做到三点，故宫所有藏物：一、不能还给溥仪；二、不得变卖；三、不能毁灭。”最后他又作了进一步阐述：“比如交给人家一箱物品，不清楚箱里都放的什么，则无法交，对方也无法接。如果你们不同意点交，可以由接收方面登报声明，说明自愿负故宫的全部责任，此后无论建筑、珍宝、文物、图书，如有损失，都与旧委员会全无关系。这是我们全体人员的意见，请你们考虑。”这其实是陈垣等苦心谋划的缓兵之计，因为真要点交，真要按上述原则办理，时间周期会相当长，实际上就是一种保护故宫文物免受军方染指的缓兵之计。因为这番说辞合情合理，赵、孙二人对此也无言以对，会场上没有明确表态。二人回去汇报、请示，仍坚持要求立即接管。但杜锡珪竟同意点交，也同意设立移交、接收两委员会，驳回了二人意见。

对此，赵、孙二人余怒未消，不愿善罢甘休。五天后（9 月 8 日），他们设法让宪兵司令王琦逮捕了陈垣，将其关押在了地安门外头发胡同的宪兵司令部。但迫于社会舆论压力，又兼故宫同仁多方营救，半天后不得不释放。而陈垣则据理力争，坚持要让宪兵司令部说明逮捕理由。王琦在电话里告诉赵尔巽：“这个姓陈的很可恶，叫他走他还不走，一定要问逮捕的理由。”王琦一时理屈词穷，又只得派两个宪兵送他返回西安门大街寓所。

这两个宪兵送陈垣返回家中之后，却未离去，而是奉命继续监视其行踪。也正是从这天起，两人就住在了陈宅外院，颇有“软禁”意味。

1926 年 9 月 13 日，《世界日报》刊出“故宫尚未移交”的报道，也间接地证实了陈智超的上述忆述。报道原文如下：

> 故宫博物院点交委员会，前日虽已成立，但该会委员长庄蕴宽，因病不能出门。事务长陈垣，自经某军事机关一度传询后，亦不到会视事。以上二人，为该会主要人物，现已因事发生障碍。其余各职员，自不便负责点交。因是该会最近数日，已成群龙无首之状况。昨有多数职员，托人向庄蕴宽请示，庄云，点交之事，俟交涉妥帖，定照章办理。至于职员八月份薪水，自当负责筹发，仍望照旧做事等语。各职员得此消息，较为安心云。

显然，在“软禁”期间，陈垣一直无法直接参与故宫博物院相关工作，整个故宫博物院也处境艰难，人心浮动。当然，这种“不作为”的态势，也间接地成全陈垣等不让军方染指故宫文物的缓兵之计；对此，他一直保持着缄默审慎的态度。与之同时，他将更多精力投入到学术研究与个人著述之中，还出任辅仁大学校长，其文教工作也相当繁忙。

就在被“软禁”的这一年，陈垣编写的《中西回史日历》交由北京大学研究所国学门印制出版。这是一部颇为学界看重的“工具书”，一贯低调的陈垣对此书也有相当自信，因为其借助故宫史料曾一一查验过。全书为一部囊括公元元年（即汉平帝元始元年）至公元 2000 年的两千年中历（今称农历）、西历（今称公历）、回历（即伊斯兰教历）每日对照的大型日历表。全书共二十卷，每卷记载一百年，每页列表两年。历表分上、下两格，上格记载西历纪年、中历朝代皇帝谥号纪年和干支、回历纪年，还有重要的历史事件，如改朝换代的年月等；下格排列西历的月、日，中历的月、日，朔闰、冬至日，回历的月首日。三历对照，精密准确。这部历表融中国历史与中西天文历法为一体，可供广大历史研究者极为方便地加以利用。在完稿成书之前，陈垣得知日本的“图书寮”编了一种《三正综览》，与他正着意要编写的这部书相类似，为查验比较，不惜花费 200 银元的重价托友人从日本抄出一本来。两相比较之后，他自信《中西回史日历》较之更为精审。据其弟子启功忆述：“《中西回史日历》编到清朝的历史朔闰的时候，老师就到故宫文献馆去查保存下来的清朝每年的皇历。”陈垣很自信地告诉启功说：“清朝部分是我在故宫文献馆中校对了清朝每年的皇历，自以为我的为正确。人不能什么事都自负，但这件事我可以自负，我也有把握自负。”看来，“软禁”只是对陈垣参与故宫管理做了行动上的限制，而在学术研究层面上，陈垣仍在故宫宝库中的珍本秘籍中，一次次地找到了自信与慰藉。

事实上，杜锡珪政府也未能维持多久，直、奉两系的明争暗斗一直在继续。直到 1928 年 6 月，自封为“海陆空大元师”的张作霖也被迫撤出北京，北伐军开进了北京。于是，北京改称北平，也从此纳入国民政府的统一管辖。当年 9 月 23 日，在其被传唤与“软禁”两年之后，陈垣受邀参加全国古物保管会会议，出席时身份已为北平分会委员，开始重整故宫博物院相关工作。

朱墨套印本《中西回史日历》 北京大学研究所 1926 年出版

陈垣发现《四库全书荟要》后留影
1925 年 4 月

1929 年 11 月 24 日，故宫博物院文献馆召开第五次专门委员会，陈垣赫然在列。次日的《世界日报》上，陈垣的名字，在北平公众面前，也再次与故宫联系了起来。事实上，早在当年 6 月，文献馆专门委员会成立，陈垣就已经出任专门委员。且当年故宫博物院经国民政府改组，他也继续担任故宫博物院理事。其实，具有学者本色的陈垣，作为开创“史源学”的学术巨擘，与故宫博物院的工作联系与学术渊源从未因时局动荡、军阀阻挠而中断。故宫巨量的明清档案及相关史料文献，始终牵动着他的心弦。在被传唤与监视之前，他要与清室遗老势力干扰故宫博物院正常运作的种种伎俩针锋相对，还要为各派系军阀企图染指故宫遗产的种种行径而苦思缓兵之计；而北伐功成之后，在相对统一稳定的中央政府管辖之下，他返身躬耕于故宫的书山史海，以高超的学术手眼，淘沙拣金，梳理整合，成果更是斐然。

早在 1925 年 4 月，陈垣就曾在故宫御花园里有过非同寻常的发现。那时，御花园东北角堆秀山东侧的摛藻堂已成了堆放杂物的仓库，脏乱不堪。该建筑依墙面南，面阔五间，黄琉璃瓦硬山式顶，堂西墙辟有一小门，可通西耳房。堂前出廊，明间开门，次、梢间为槛窗。室内放置书架，为宫中藏书之所。乾隆四十四年（1779）后，《四库全书荟要》曾贮藏于此，供乾隆皇帝随时阅览。

《四库全书荟要》是乾隆组织整理完《四库全书》后挑出来的精华，选

摛藻堂旧影
约摄于 20 世纪 50 年代，可见外檐彩画及匾额情形。

编慎重，卷帙精约。旨在于精，而不在于多。所收种类只有《四库全书》的七分之一，而册数是《四库全书》的三分之一，彼极其博，此取其精。由于《四库全书荟要》专供皇帝御览并批示意见，则不能因忌讳原书文字内容而大量删除、修改文献，所以较《四库全书》而言，其内容可谓尽录原本，存真求实。这部书的开本大小和装帧形式与《四库全书》相同，但抄写更精，装贮更善。

熟悉此中典故的陈垣，即刻安排了对摛藻堂的清扫查验，终于发现了倚墙而立的《四库全书荟要》书架和书函。点验架上书函，竟有 2000 函之多；打开书函清点册数，竟达 11151 册。此外，尚有复本及别录多种，共计约 14000 册之多。当天，陈垣为这一发现大感快慰，特别在摛藻堂前摄影留念并题词。须知，这部书乾隆四十三年（1778）共抄两部：一部放在宫中御花园的摛藻堂，一部放在圆明园东墙外长春园内的味腴书屋。而圆明园毁于英法联军之手后，摛藻堂的这部书遂成孤本，其历史价值与学术价值之高，不言而喻（该书抗战期间南迁，现存台湾）。而陈垣于故宫博物院正式成立之前，即发现了这部孤本，于中国学术与文化的贡献，自然功不可没。

事实上，陈垣对故宫中的文献宝藏相当关切，他的学术研究成果，尤其是对文献史料的采纳之博、校勘之精，都与故宫文献有着千丝万缕的联系。几乎在他发现《四库全书荟要》的同时，故宫中又发现元代刻本《元典章》，该书也令他高度关注。这部“奇书”以蒙古白话写成，后世读者很难解读，就连《四库全书》都没有收入其内容，仅有存目而已。《四库全书》存目中著录的《元典章》，题为“内府藏本”，即是这 1925 年在故宫中发现的元刻本，久不为外界所知所见，民间流传者均系抄本。1908 年，北京法律学堂刊行由沈家本作跋的刻本《元典章》，这是根据藏书家董康所藏一种抄本校印的，世称“沈刻本”。民国时代，作为原书失传近 700 年后，唯一可据研究的这个“沈刻本”，一时声名大噪，身价颇高。沈刻本的跋语中，也仍然坚称“此书世无刻本”，以此来确立其自身的唯一性与正确性。但陈垣却早已发现“沈刻本”并不可靠，虽然刻印质量不错（纸张、字体都很美观），但原书内容却错字连篇，根本无法还原元代原书的本来面目，他评价“沈刻本”说，此书“写刻极精，校对极差，错漏极多，最适合作校勘学的反面教材，一展卷而错

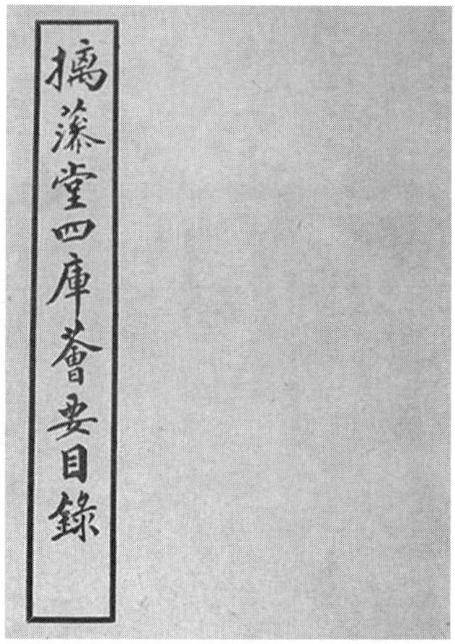

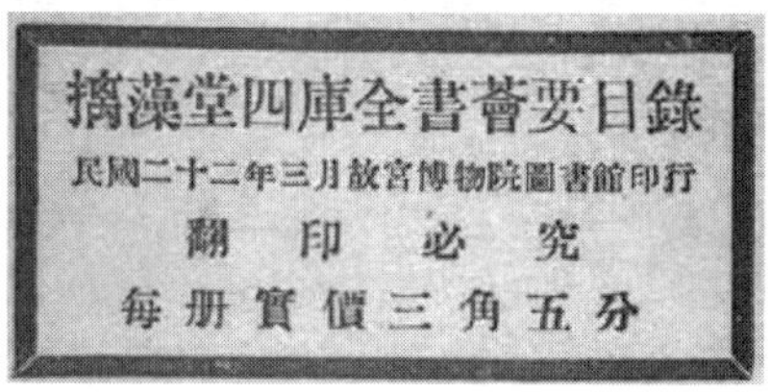
摛藻堂四庫全書薈要目錄
民國二十二年三月故宮博物院圖書館印行
翻印必究
每册實價三角五分

《摛藻堂四库全书荟要目录》书影及版权页
故宫博物院　1933 年 3 月出版

误诸例悉备矣”！故宫发现元刻本《元典章》消息传来，陈垣先前对“沈刻本”的判断得到了一一印证。他迅即着手，将元刻本与“沈刻本”并置研究，细加校勘辨析，撰成《沈刻〈元典章〉校补》一书，包括札记六卷、阙文三卷、表格一卷；另将沈刻本的错误分门别类，归纳其错误性质与致误原因，撰《〈元典章〉校补释例》六卷，皆于 1931 年完成。

陈垣校勘沈刻本《元典章》的成就十分惊人，共校出错误 12000 余条，补阙文 102 页。《元典章》共约 120 万字，沈刻本因有脱漏，还不到 120 万字。平均不足百字即校出一处错误，沈刻本的出错率可谓惊人。更重要的是，这些错误五花八门，几乎涵盖了古书转抄、翻刻过程中可能致误的各种类型，因此陈垣才又写出《〈元典章〉校补释例》。这部释例对书中错误类型的归纳，已不仅为研读沈刻本《元典章》所必须参阅，而且还可以“通于元代诸书及其他诸史”，“得一代语言特例，并古籍窜乱通弊”，因此在 1959 年单独出版时，更名为《校勘学释例》。在《校勘学释例》中，陈垣通过校勘沈刻本《元典章》，对源远流长的古籍校勘工作进行了深入细致的方法论探讨，初步建立了校勘学的理论体系，

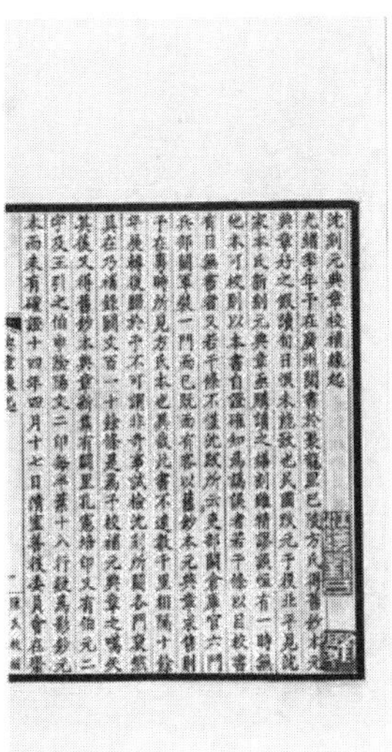

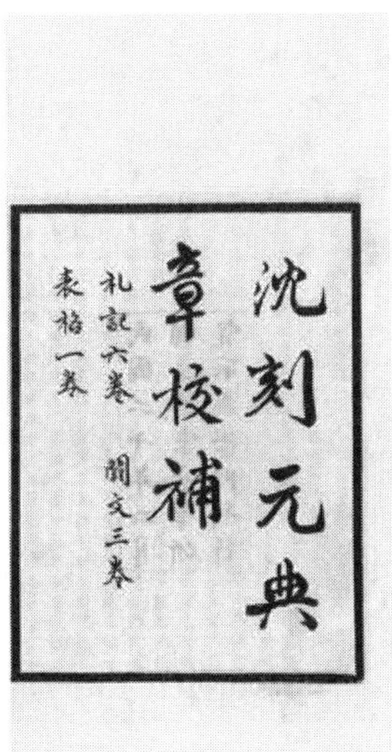

《沈刻元典章校补》

陈垣签赠、刘半农藏本，国立北京大学研究所国学门 1931 年刊行。

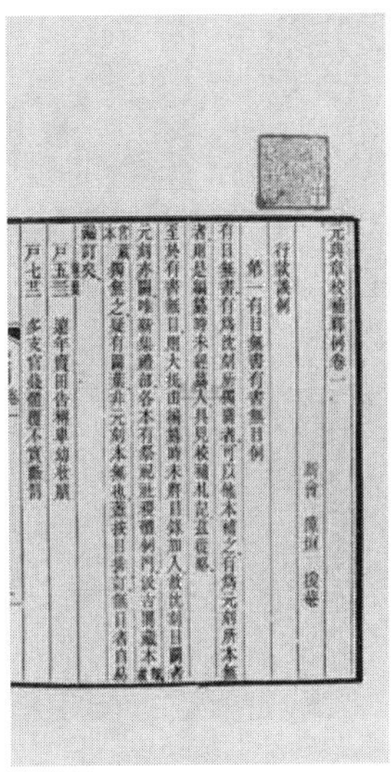

《〈元典章〉校补释例》内页

清史馆外景　摄于 20 世纪初

清史馆为民国时期保存编修清史所用档案资料的库房，原为清代国史馆大库。1929 年 10 月，库内档案、图书分交故宫博物院文献馆和图书馆保管。

清史馆内所藏实录等文献

被誉为“标志校勘学建立的里程碑”。特别是书中“校法四例”一节，首次总结了对校、本校、他校、理校四种校勘方法，在今天的古籍整理中仍然有着普遍的指导意义。

除了以“校法四例”为校勘文献的基本方法，陈垣还对故宫所藏巨量明清档案有过从管理、整理到梳理、校理的种种建议与举措。譬如1922年，北洋政府出售清代内阁大库档案的“八千麻袋事件”发生后，北京大学积极谋求将内阁大库劫馀档案划归北大整理。陈垣时任教育部次长，代理部务，积极“斡旋”，终使北大得以接收这批档案。从此开始，他与明清档案文献的因缘渐次深厚，对故宫所藏明清档案的保护与整理，立有开创与开拓之功。1931年，由陈垣任校长的辅仁大学开学之际，时任故宫博物院文献馆馆长的沈兼士出席致辞，一番话语，道尽陈垣的明清档案整理之功绩：“从前鄙人办北京大学国学研究所的时候，曾纠合多数学者，共同担任此种重大的工作，那时陈援庵校长就是中间一个最努力的；当时我们见到中国近代史最重要的材料就是清代的内阁档案，也就请陈先生指导整理；现在一般人都知道档案之价值，便是那时所开的风气。”

陈垣还曾计划编纂有清一代史料长编，以继承中国历史编纂传统，长远保存文献。如1926年他在《致（北洋政府）国务院函（为故宫博物院作）》中所说，“兹幸本院成立，关于有清一代史料，保存编纂，职有专责。拟利用此等史料，编纂《清通鉴长编》及《清通鉴纪事本末》，以与清史相辅而行，永垂不朽”。但可惜的是，由于受时局影响，陈垣先生的宏愿并没有能够实现。

1929年5月，陈垣受邀为燕京大学现代文化班作了题为《中国史料急待整理》的讲演，这次讲演针对故宫巨量的明清档案之整理，提出了“整理档案八法”（记录稿以《中国史料的整理》为名，发表在1929年《史学年报》）。讲演中，他强调了中国史籍和档案亟待整理，提出了整理史籍、档案的具体方法。学术界普遍认为，这篇文章是继王国维《最近二三十年中中国新发见之学问》之后，又一篇启迪学界重视古籍、档案、文物等整理研究的力作，产生了从学术方法到学术门径上的深远影响。

此次讲演中，陈垣将历史档案与成书册的史籍区别开来，提出了八种整理档案的方法：

> 其一，分类。按照档案的种类，或由形式分，如纸样格式，长短大小，颜色红白，或成本的，散页的，都把它们汇别起来；或由文字分，如汉文的满文的蒙文的，都分在一起，这是最初步的工作。
>
> 其二，分年。是分类之后，以年做单位，把同一年份的同类文件都集在一起。例如先分明、清，清又分康熙乾隆，乾隆又分六十年，同年的按月日先后集在一起。
>
> 其三，分部。档案有属于各部署的，例如兵部的文件归兵部，礼部的文件归于礼部，这样类推下去。
>
> 其四，分省。例如报销册一项，有浙江省来的归在浙江省，福建省来的归在福建省。
>
> 其五，分人。把一省一省的督抚所来的文件按人分在一起。雍正砵批谕旨，即是这种分法。
>
> 其六，分事。是整理档案的较为细密的工作，把所有与某一事情有关系的文件，如乾隆时纂修《四库全书》的文件，接待英国使臣的文件，凡同一事的，都按年月集在一块，这样便理出头绪来，可以检阅了。
>
> 其七，摘由。完成了分析的工作以后，再把每一文件的事由摘出来，使研究的人一看摘由便能了解内容的大概。此种工作非常重要。
>
> 其八，编目。是最末一步的工作，就是把所有整理成功的档案编成几个总目，或分部，或分省，或分人，或分事，使后来检查档案的人只须将总目一查，便能依类查出。

这八种方法，实际上也是整理档案的八个步骤，由简到繁，由浅入深，

大高玄殿内档案存放情形

条分缕析，其核心则是如何更方便读者使用。这八种方法，也成为后来故宫博物院文献馆的主要工作方法；在以现代思想和方法整理古代档案史料的过程中，明清史研究乃至中国现代史学，也因之焕发出新的活力与生机。

巨量的孤本秘籍与明清档案，是故宫赐予所有中国学者的宝贵遗产。陈垣，作为最早有机会接触到这份遗产的中国学者，对这一历史机遇，倍感珍惜；同时，对自己所肩负的历史责任，也倍加珍重。根据单士元回忆，

陈垣在辅仁大学演讲　1942 年 4 月

辛亥革命后，清代军机处档案被袁世凯从故宫搬迁至旧国务院，存放在集灵囿楼上，尘封鼠啮十余年。至 1927 年，当时的北洋政府总理许世英系陈垣生旧识。陈垣商之于许，要求将军机处档案和杨守敬观海堂藏书，一起移交故宫博物院。征得同意后，还须有一封故宫博物院请准国务院移交军机处档案的公函。陈垣又亲自起草《故宫博物院致北洋政府国务院公函》。军机处档案得以重回故宫，归藏于故宫大高玄殿，成为文献馆最重要的馆藏之一（详见《故宫札记》，紫禁城出版社，1990 年）。

陈垣在辅仁大学女院二门前留影　1946 年 9 月

文献馆在接收军机处档案后，可以将清代内廷档案整体保存，并加以联合整理，这对理解清代内廷档案办理流程及史事细节颇有助益。正如沈兼士在《文献馆整理档案报告》中所说："后来有了机会，将内阁大库彻底清理一番，再拿宫中、内阁、军机处三部分档案，比较综合的一研究，然后才知道内阁的史书，就是红本的摘由，也就是实录的长编；宫中的缴回殊批奏折，就是军机处折包的原件；内阁所藏的明代档案，就是明史馆徵集的参考材料。诸如此类，明白了不少的掌故。由此看来，整理一类档案，须要弄清楚它当其未归档以前的作用如何。整理各类档案，须要弄清楚它们当时的性质和手续上的联络性如何。”（详见《沈兼士学术论文集》，中华书局，1986 年）的确，军机处档案的收藏入馆，促进了文献馆档案整理工作进入新的发展阶段。1935 年 11 月，陈垣又从伦明手中购买清末两江总督端方档案 600 余册入藏文献馆，这些档案多为关系清末大政的密电，是研究清末历史的珍贵史料（详见《故宫札记》）。这些点滴努力，涓流汇海，最终使故宫所藏明清档案体系的史料基础更为丰富与充分，这份历史遗产的厚重与丰硕，至今使学者们受益无穷。

众所周知，“七七”事变前后，抗战军兴，战火绵延整个华北。那时，故宫古物早已南迁，大批学者也纷纷南迁。而陈垣一方面为教育、学术计，毅然留在北平，仍在辅仁大学与广大师生坚守，并发意撰写了 7 部专著、10 余篇论文。他提倡经世致用和“有意义之史学”，以书斋作战场，以纸笔为武器，阐发中国民族历史大义，希以此激发中华民族之同根血气。在日伪横行的北平城里，陈垣对故宫文献极为关切，对于那些未能南迁的珍稀文献，仍然是一有机会就上手研究，且成果频出。

以《明季滇黔佛教考》为例，一方面，陈垣在许多人所常见的书中发掘出不少未为人注意的滇黔佛教史料，例如《徐霞客游记》等早已广为流传的传世文献；另一方面，他利用了许多从未被人利用过的文献记载——这种更为难得的史料资源就直接来源于故宫。原来，在 1939 年初，他又在故宫发现了一部从未被人利用过的《嘉兴藏》，共计达 2137 种，有 2447 册之多。

据考，故宫藏明代嘉兴楞严寺方册本《大藏经》，简称《嘉兴藏》，共收经籍 2135 种，计 10888 卷，由正藏、续藏、又续藏三部分组成，是中国历史上由私家出资刊刻，历时最长、收经籍最多的大藏经。虽然历经 400 余年沧桑，保存仍属完好。全部藏经为方册线装，白棉纸精印，明黄色锦函装书，是有别于民间自印本的专供皇帝御览的进呈本。

《嘉兴藏》原藏书地点阴暗潮湿，蚊子很多。为了打开这座“三百年沉霾之宝窟”，他每次事先服用奎宁丸，带领助手，在一年多的时间里将全藏翻阅了一遍，搜集了清初僧人的许多语录，在其撰述《明季滇黔佛教考》时充分加以利用。由陈垣引荐，成为故宫博物院文献馆专门委员的陈寅恪，后来在为该书写的序言中，做出了这样的赞誉：“寅恪颇喜读内典，又旅居滇地，而于先生是书征引之资料，所未见者殆十之七八，其搜罗之勤，闻见之博若是。”殊不知，这一切“闻见之博”，一方面是陈垣自身对治学的严格要求，另一方面，也正是故宫这座文献宝库，一次又一次地予以其绝无仅有的史料支撑。

无可否认，从 20 世纪 20 年代延续到 50 年代，陈垣在学术研究上的独树一帜之手眼，在学术成果上的独步一代之贡献，有目共睹、自成一家。他在整理故宫明清档案中成形的“整理档案八法”，不但使得故宫文献整理有法可依，更使中国目录学在他手里发展成为“史源学”；与之同时，“校勘学”也因他的“校例四法”而有了定则可依。陈垣与故宫的过往，俨然就是一部现代史学发展的回忆录，更是一部中国学者与古典遗产互动的成就史。

马衡：南北驱驰为故宫

马衡（1881—1955）

虽然故宫博物院的管理，及故宫古物的南迁，仍是各大媒体关注报道的焦点，但马衡不再以个人身份“出镜”，而是更多地以院方名义发布讯息。显然，前次代理之命，让他倍感时务之难；此次正式之命，更让他深感职责之重；全身心地投入到前任院长交接之后的、千头万绪待重整的院务工作之中，全负荷地担负筹划、点查、保护南迁古物的各项工作之中，义无反顾的同时，也独立苍茫，在所不辞。

自国立故宫博物院成立以来，长达27年供职于此，其中更有19年任院长者，只有马衡（1881—1955）一人而已。在历经北洋政府、国民政府、共和国政府的工作生涯中，马衡的后半生，每一页都在抒写着故宫的沧桑沉浮。

在进入故宫工作之前，马衡任职于北京大学研究所，担任国学门考古研究室主任兼导师，孜孜于金石古文之学，已被章太炎、于右任、蔡元培等誉为“国学大家”“金石大家”。1924年11月，受刚成立的清室善后委员会之邀，马衡开始参与故宫文物的清点工作。1925年10月，故宫博物院成立，任古物馆副馆长（馆长由时任院长易培基兼），成为该馆的实际负责人。他对古物馆学术水准之提升有着卓越贡献，以实际行动达成了古物、文物、博物学

马衡 20 世纪 20 年代留影（马思猛提供）

界与史学界的互动合作。仅从现存马衡致王国维 46 封信札来看，自前期的北大研究所相关课题，到后期的全国各地出土古物之研究，无论青铜器铭文还是敦煌写本，二人都曾有过极为密切的切磋往还，皆因古物古学沉醉其中。此即是典型的“专家治馆”之一例，与保管、典守、维护之职责相比较，马衡在研究古物方面的成就相当惊人。

但是，作为学者的马衡又因时势变迁，要成为总管理者的角色。随着 1931 年“九一八”事变爆发，

北大《国学季刊》同仁合影

摄于 1924 年。左起：徐炳昶、沈兼士、马衡、胡适、顾颉刚、朱希祖、陈垣。

华北全境陷于日军铁蹄之下；更兼故宫博物院首任院长易培基身陷所谓“盗宝案”事件，故宫古物南迁与院务重整，倏忽之间变得异常紧急起来。这一时刻，马衡也再不能沉醉于古物古学之一己天地，故宫博物院院长之职，眼见着就将“降大任”于他。

代理院长之种种劳碌

1933 年 7 月 15 日，故宫博物院理事会在南京召开全体理事会议。会议讨论通过，“院长易培基因病辞职，照准……并以理事兼古物馆长马衡代理”。就在马衡任代理院长之职次日，他即刻飞往上海，因为南迁至上海的故宫古籍中，传言发现了飞蛾。为此，他必须亲自察看，确保古籍未受损。须知，古籍里出现飞蛾，说明古籍中已有虫害，一旦书中长虫，书被虫噬即成必然。南迁至上海暂存的故宫古籍，大多是宋元时代的珍本孤本，其历史价值与文化价值无可估量。所以即使传言中的一只飞蛾，也足以让马衡飞来飞去一次。后经证实，飞蛾虽确有其事，但是生长在包装箱的草垫里的，并未危害古籍古物，实在是虚惊一场。不过，也由此可见，这个代理院长之职可不是什么闲官美差，稍有风吹草动，随时随地都会忙得不可开交。

正式上任不到一个月，1933 年 8 月 9 日，马衡又在上海召开新闻发布会，将故宫博物院历史、现状、近况，及上海民众普遍关心的故宫南迁古物能否在上海公开展出事宜，一一作了简要介绍及明确答复。8 月 13 日，北平《世界日报》将此次新闻发布会及报告全文刊发。此刻，上海与北平民众，都接触到了这份报告。这次新闻发布会可以视为马衡第一次以代理院长身份面对公众，这份报告透露的历史信息极具“现场感”，可谓研究故宫南迁历程的又一份难得文献。在此酌加整理，转录全文如下：

故宫博物院驻沪办事处在沪招待记者报告该院组织及现状
——马衡亲任招待并谓在沪公开陈列展览已作罢论

【上海通讯】故宫博物院驻沪办事处，昨日为报告该院历来管理组织情形，及此来南迁经过，检查结果等事起见，假西藏路一品香大厅，招待本埠新闻界，到各报社记者三十余人，由该院院长马衡亲自招待，并报告各情如下：

代理院长马衡起立报告云：本人今天得与诸位相见，甚觉荣幸，藉此机会，并可将故宫各项情形，简单报告，俾各界可以稍明故宫内部大概。第一，故宫博物院以往之简史。民国十三年十一月五日，溥仪退出故宫后，成立办理清室善后委员会，十四年双十节，始成立本院。当时最大的任务，是点查散存各宫殿内之古物，点查工作，除委员会人员外，由北京政府各部院司法军警各界，派员若干人，按日到会分组点查。此种工作，异常繁琐，时间经过二三年之久，方大致告竣。点查结果，由本院印行点查报告，公布于世，不幸中间几经政变，本院无日不在风雨飘摇中，赖社会上爱护本院者多，幸能维持。至十七年国府统一南北，将本院组织法正式公布，本院之组织，分古物、文献、图书三馆，秘书、总务二处，院有院长、副院长，馆有馆长、副馆长，处有处长，惟其组织法有与其他机关不同者，则为理事会。院长、副院长，须经理事会推举，而由国府任命之，此本院成立之经过及组织之经过情形也。

第二，古物之南迁。本年春间，日军进占榆关，热河不守，华北危如累卵。本院古物，为数千年文化结晶，全国人士，均主暂时南移，以保安全，遂于一月间，将已装箱之物品由平运沪。先后五次，共计一万余箱。同时尚有附带运来属于内政部之古物陈列所，属于北平市政府之颐和园等处之古物，现均存于天主堂街四川路两处库房之中。

第三，关于此开箱事，自古物运沪以来，匆匆半年有余，上海气候，不比北方干燥，行政院汪院长及本院各理事，对于此事，均非常注意。所以上次理事会开会时，议定特组故宫临时监察委员会，专门办理此事。委员系由行政院、军事委员会、中央研究院、上海市参事会、上海地方法院各派一人，本院派二人组织之，成立之后，于上月二十六日开始查看，详情另请该会常务委员庄尚严君报告，本人略述其经过如此。

此外本人所欲报告者，则为本院经济状况。查本院办公费及薪俸等项之低薄，恐怕在全国重要机关中，是数一数二的。民国十四五年时，经费月只二三千元，所以办事人一大半是尽义务的，自十八年易院长就任后，始有正式预算，每月为二万一千元。但财政部也并不按照预算支会，每月多则五千，少则二千。有一时期，竟一文不给。所以计算财部历年积欠，已有五六十万之多，而本院则陷于艰难困苦之境。本人从前在院中，只担任学术上工作，不关行政方面之事，近来方稍知院中财政状况，每月办公费，职员生活维持费，及古物在沪库房租金，总须四万元上下。而财政部只拨院中预算的五成，为一万零五百元，然在此情况之下，本院出版物及拓本等，尚有数百种之多，颇为社会上所欢迎，皆历年惨澹经营之成绩也。自本年起，每月收入，更形缩减，闻自七月份起，财政部仅发六千余元，以之付给库房租金，尚嫌不敷，更何论其他。现在已编制新预算，呈请中央政治会议为特殊之救济，结果如何，尚无把握，希望各界人士，了解此情形，尽力援助，使中国数千年之文化结晶，不致流离失所，则本院幸甚！中国幸甚！

最后又据马氏对记者谈故宫博物院之其他各问题云：（一）本院平时系每星期一、四两日检查各储藏室各一次，检查时除本院职员外，系会同中央银行所派代表共同检视，盖中央银行系当议定时由行政院所指定，而各储藏锁钥亦系一存本院，一存中央银行。（二）本院二十二年度预算，共计五万余元，业已呈请行政院审查，本日（星期三）行政会议，如提出讨论，或可望通过。此项预算额，

> 系北平办事经费在内。（三）张继夫人控易院长（培基）舞弊案，本人前因不甚参与本院行政事宜，亦未知究竟。但其间大概皆由于不明了本院详细组织情形，致因隔膜而生之误会。（四）易现已往北平，在平准备移交手续，并组织一移交委员会，本人亦将于本月内赴平，俟与易院长晤谈后，即组织接收委员会，办理接收事宜。（五）在沪公开陈列之举，前虽有此动机，惟此事关系重大，且无适当地点可资应用，已作罢矣。（六）南方设立分院事宜，有主张多设者，有主张少设者，大概将来在首都设一分院，较为相近，但须下月理事会议之决定。（七）外传有将本院字画向汇丰银行作押款之说，完全无稽谣言，宁有已作押款，而字画仍存于本院库中之理云云。（十日）

这1800字的公开讲话摘要稿，简明扼要地表述了以“代理院长”身份出镜的马衡，已经面临或即将面临的内部管理难点及公共关系要点。讲话中，有两处需要特别注意的地方，一是“历来经费状况”，二是“易院长舞弊案”。马衡对于“易院长舞弊案”给出了一种模棱两可的说法，但大体上是相信易本人并无舞弊之事；他认为，易之所以被张继夫人状告，“大概皆由于不明了本院详细组织情形，致因隔膜而生之误会”。后来的事实证明，所谓“易院长舞弊案”确属冤案，吴瀛在其《故宫尘梦录》一书中对此案来龙去脉有着详尽的记述与剖析，在此不赘。平心而论，马衡此时的表态，是需要相当胆魄的，也是需要相当审慎的。因为，此刻马衡对此案无论持何种态度，都会有“里外不是人”的尴尬。如果力挺前任院长，从同事一场角度而言，固然厚道，但对他这“临危受命”的代理院长身份，却极不相宜。如果认定前任院长确有舞弊，既不符合事实，又无法拿出证据，更会令博物院同仁及相关各界人士心寒。所以，一句“误会”的折衷之言，既具有相当融洽的回旋余地，又足见其宅心仁厚的为人处事之道。这一表态，可谓其上任以来，最费思量也处理得最好的一次公共言行，体现着马衡正在进入院长角色的良好工作状态。

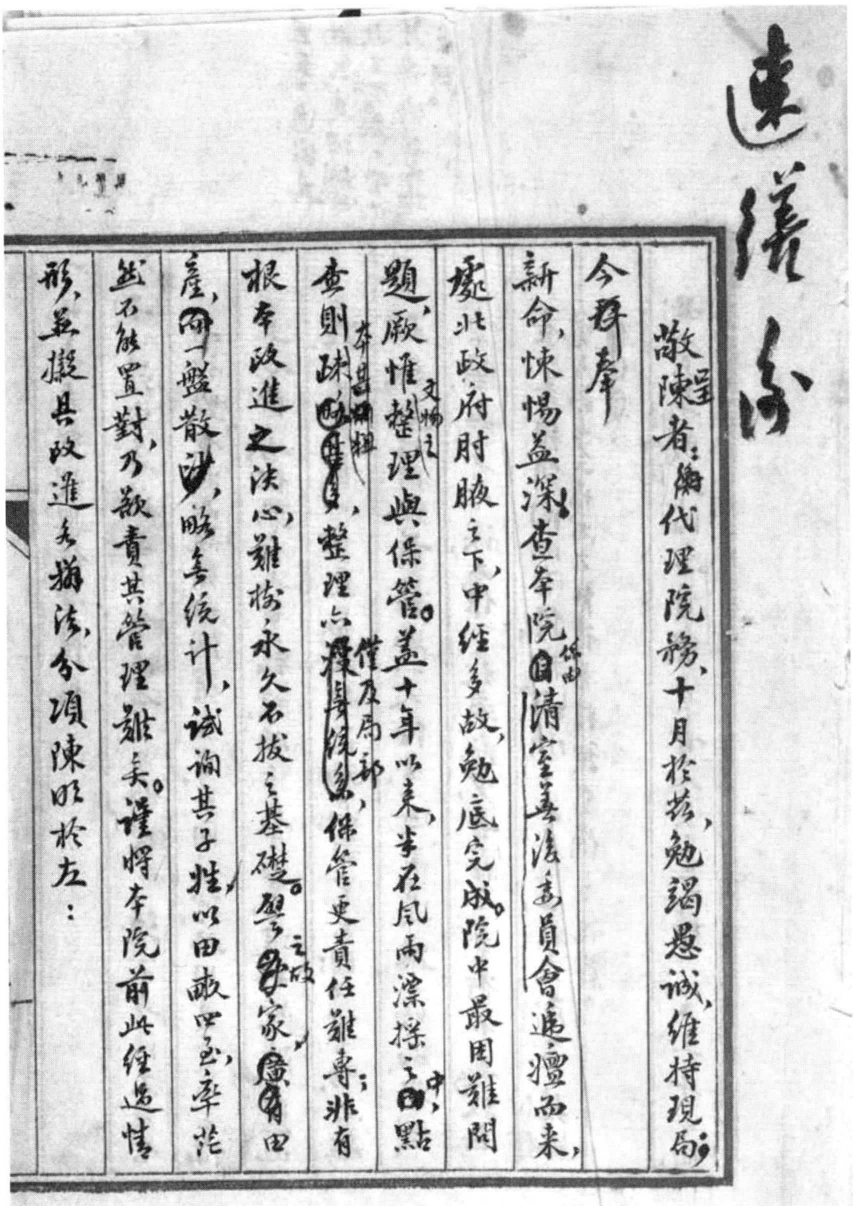
敬呈者：衡代理院務，十月於茲，勉竭愚誠，維持現局；今[illegible]奉新命，悚惕益深。查本院係由清室善後委員會遞嬗而來，處北政府肘腋之下，中經多故，勉底完成。院中最困難問題，厥惟整理與保管。蓋十年以來，半在風雨漂搖之中，點查則[illegible]，整理亦僅及局部，保管更責任難專；非有根本改進之法，必難樹永久不拔之基礎。譬之[illegible]家[illegible]有田産，[illegible]一盤散沙，[illegible]多統計，試詢其子姓以田畝四至，率茫然不能置對，乃欲責其管理難矣。謹將本院前此經過情形，並擬具改進之辦法，分項陳明於左：

马衡呈行政院及国立北平故宫博物院理事会文　1934 年

次系马衡任院长后的第一件呈文，分四大部分：一、故宫博物院 10 年来整理与保管文物情形；二、现在不经切实整理，无从议及保管问题；三、现在整理之办法及保管之计划；四、行政院理事会应为本院解除困难。同年 6 月 14，行政院指令批准马衡所陈整理方法及保管计划；7 月 14 日，国立北平故宫博物院理事会理事长蔡元培来函，通知第二次理事会常务理事会议决：责成马院长照所拟办法实施。

再来看故宫博物院的历来经费状况，经马衡一剖白，大白于天下，也必然大哗于天下。社会公众对故宫博物院经费之紧张，顿时可以有一个简要的感性认识，一旦有了这个公共场域的认识基础，马衡在今后的院务工作中，向政府当局要求经费的理由将更为充分。而公众对于博物院的工作，也会多一分宽容与理解，不会再特别吹毛求疵地去评判了。当然，这只是马衡个人单方面的努力，究竟效果如何，还得看接下来一年半载的运营实情。

接下来不久，马衡将面临两件棘手的难题，才是他上任以来的真正挑战。一件难题是所谓“古物北迁”问题；另一件难题则是“故宫裁员”问题。

“古物北迁”终未果

众所周知，故宫古物南迁是马衡上任之际的首要工作，他自己也曾监运、押运过南迁的古物，在上述公开讲话中也明确提到了古物南迁的意义与步骤，等等。早在他还是古物馆副馆长时，就曾于 1933 年 1 月 14 日接受记者采访，发表过对古物南迁的初步看法及古物馆的相关动作：

> 余对古物迁移，从前亦极端反对，因东省虽失，然榆关天险，我方尚可扼险以守，平津一时尚无问题。且古物迁移，长途运输，难免途中不生损失，故主张不迁。但自榆关沦陷后，门户已失，平津时时有发生危险之可能，故现在余亦主张迁出为良……博物院已将一部古物，装箱完竣，静候命令，即可迁移。

且就在马衡接受采访当天下午四时，铁道部备迁移古物专车已抵达北平东站，开始接洽古物南迁事宜。

那么，“古物北迁”又是怎么一回事呢？1933 年 8 月 15 日，“古物北迁”一词，首次出现在北平《世界日报》（以下“报载”“报道”等均指该报刊载）之上，这是一则来自南京的专电转载。报道称“本报南京十四日下午十时专电，代理故宫博物院院长马衡，十四日来京向中央协商博物院以后经费，及古物北迁各问题”。极其简短的一句话新闻，让人还无法了解马衡提出的“古物北迁”究竟是怎样一个概念。

其实，在这则简讯之前两天，就曾报载过时任故宫博物院文献馆馆长张继的一次采访记录。张继曾向记者提到：“存沪古物，现决定将一部运回北平，但系何种古物，现尚未定。”如此看来，“古物北迁”的概念并不难理解——将已经南迁的古物又迁回北平。至于是全部迁回还是一部分迁回；迁回哪些，何时迁回，等等，则一切尚是未知数。

继报载首次出现“古物北迁”一词10天后，8月25日，北平《世界日报》再次提到“古物北迁”之议；这是马衡刚从南京返回北平之后，即将到故宫正式视事之前一天，在家中接待记者时明确谈到的一个想法。这一想法的特殊性与重要性，当然不可忽视。此刻，这个新任院长的新想法，也以付诸公共媒体的方式，于他到故宫视事之始的同一天公之于众，清晰地浮现在社会公众面前。酌加整理，转录全文如下：

马衡昨午到平定今日到故宫视事

将由马及易培基分组接交委员会点查物品

古物迁回事由下次理事会决定

【本市消息】新任代理故宫博物院院长马衡，昨日上午十一时许，搭平浦通车，由京抵平。故宫博物院代理秘书长徐鸿宝，偕该院科长以上职员十余人，到站欢迎。马下车后，迳赴东城小雅宝胡同四十八号私寓休息，定今日上午十时，赴故宫视事。记者昨午访晤马于其寓所，马谈话如次：

接收故宫 本人为故宫理事会理事之一，此次易寅村（培基）辞职，本人以理事资格被推兼代院长，在沪因事耽搁，至今始得来平。今日（即昨日）休息一日，明日（即今日）即到故宫视事。在沪时，闻易寅村现在平市，本人拟在一周内与易会晤，接洽移交事宜。移交办法，一方由本人组接收委员会，一方由易寅村组移交委员会，双方公开办理。关于故宫舞弊案，各方传闻异词，但已由法律解决，本人不便有所表示，惟将来接收时所有本院物品，决逐件认真点收，纵有弊窦，不难查明。

经费问题 故宫经费，原定数额为每月二万一千元，嗣因国难发生，国库支绌，乃折半开支，改定一万零五百元。此项经费来源，由财政部月拨五千元，余由故宫游览门票收入，及印刷品售价收入拨充，实际不敷甚巨。且运沪古物，存贮房产租金即须九千元，连同保管费，月需万元之谱。总计平沪两方，每月经费共需三万元始敷开支，因是故宫经费至少须较原来额数增加一万。在京曾向汪院长（兆铭）提出，中政会对此亦经讨论，惟通过否则尚不知（按前日中政会关于故宫博物院整理及经费案已通过），故宫原有基金九十余万，前于古物南运时动用甚多，确数则不详。对此问题决提出下届故宫理事会讨论。

设立分院 故宫设立分院，各方前曾有此主张，上届理事会对此曾加讨论，原则认为可行，惟对设立地点，有上海、郑州、西安三处之主张。上届理事会对此保留未决，究竟设立否？设立地点如何？决交下届理事会讨论决定。下届理事会，已定于九月间在南京举行，本人届时决赴京参加。

古物迁回 运沪古物，已决定迁回，惟文献、图书、古物三馆古物，各有一部在沪，将来是否全部迁回，或各运回一部？或就三馆中，先择何馆古物运回，均俟下届理事会决定。运沪古物前传因受潮生蛾，经检查结果，虽确有飞蛾，但系装箱所用之草受潮，古物并无损伤。又关于影印四库全书事，决定实行，即由教育部与故宫方面会同研究办理。

马衡回到北平之后，面对北平公众，与先前面对上海公众一样，仍然做了上述一番类似上任致辞般的讲话。除了接收故宫、经费问题、设立分院等宏观话题之外，还有更为具体的“古物迁回”的个人想法。这一想法，应当就与先前他在南京向中央政府提出的“古物北迁”建议相一致，意即要将已经南迁的古物重新运回北平，这究竟从何说起呢？

在此之后，新任代理院长马衡接收故宫的新闻报道，一篇接着一篇，内容翔实；但关于“古物北迁”的报道，直到 1933 年 9 月 9 日才出现一则简讯报道。报道题为“马衡今晚赴南京，接洽古物迁回问题”，称“故宫前次南运之古物，虽经政府决定迁回北平，现因各方意见，尚不一致，故未能即时实现。马此次赴京与张人杰，及各方接洽后，第二次理事会即可定期举行。此项问题亦可提出解决”。9 月 11 日，马衡抵达南京，向理事长张人杰报告相关工作情况。次日报道称“古物迁回问题尚未决定”。9 月 26 日，马衡仍滞留南京，而北平的报道，单单是题目“马衡态度消极”，就可知其工作状态欠佳。报道称“自马衡就代理博物院以来，政府对故宫未与分文，一切进行，均感棘手。马颇为仰（抑）郁，终日游栖霞山（在南京），无意返平……”云云。看来不单单是“古物北迁”之提议没有下文，就连故宫博物院基本的运营经费，也未能争取到。11 月 6 日，马衡登报声明，以一种莫名其妙的、辟谣式的口吻公开声称“各方传前次南运之古物，将迁回北平说，不确”。须知，“古物北迁”之说，乃是马衡自己多次向记者明确表达过的意见，此刻却又声称这一意见乃“各方传”，且还“不确”，这实在是有点自相矛盾了。不过，可以揣测得到，这一声明，一定是在受到某方面强大压力之下，自己来为自己开脱的罢。12 月 27 日，马衡在北平故宫博物院召开新闻发布会，公布了关于故宫博物院交接经过、修改法规、财政状况、工作计划等方面的情况。从公布的内容来看，经费终于落实，交接工作也基本顺利，马衡也重新振作起来，相关工作推进也开始提速。但在答记者问环节中，戏剧性的一幕再次出现，有记者问：“南迁古物，有运回北平希望否？”马衡答：“须经理事会解决。”这一问一答，“古物北迁”之说重又浮出水面，让人颇感微妙。

1934 年 2 月 24 日，马衡再次赴南京，向当局报告院务；之后，又视察故宫博物院驻沪办事处工作。2 月 26 日，记者前往采访，又谈到了“古物北迁”问题。马衡说：

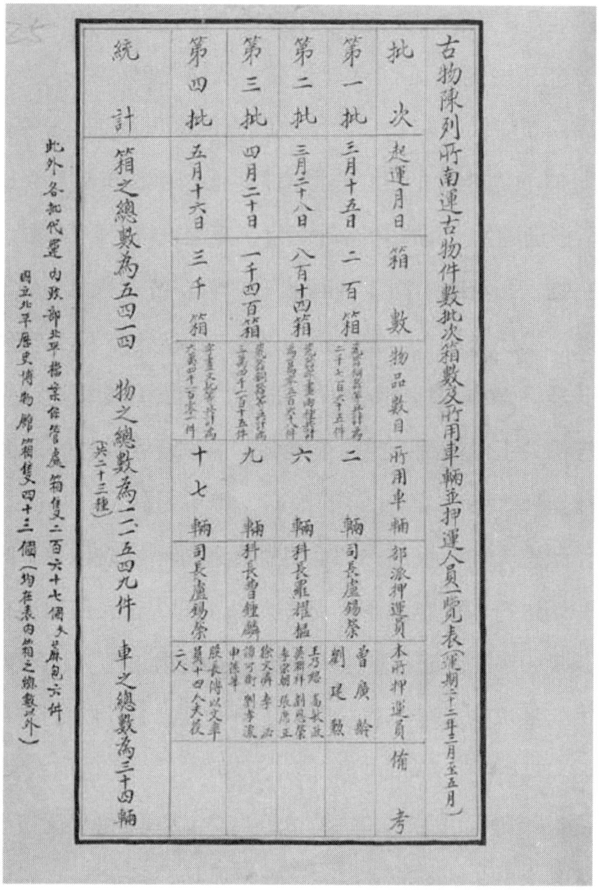

古物陳列所南運古物件數批次箱數及所用車輛並押運人員一覽表（運期二十二年三月至五月）

批次	起運月日	箱數	物品數目	所用車輛	部派押運員	本所押運員	備考
第一批	三月十五日	二百箱	[illegible]	二輛	司長盧錫榮	曾廣齡 劉廷勳	
第二批	三月二十八日	八百十四箱	[illegible]	六輛	科長羅耀樞	[illegible]	
第三批	四月二十日	一千四百箱	[illegible]	九輛	科長曾鍾麟	[illegible]	
第四批	五月十六日	三千箱	[illegible]	十七輛	司長盧錫榮	[illegible]	
統計	箱之總數為五四一四		物之總數為一二五四九件（共二十三種）	車之總數為三十四輛			

此外各批代運內政部北平檔案保管處箱隻二百六十七個又蔴包六件

國立北平歷史博物館箱隻四十三個（均在表內箱之總數以外）

古物陈列所南迁古物件数批次箱数及所用车辆并押运人员一览表

运期 1933 年 3 月至 5 月

关于存沪古物，有人主张迁回北平，有人主张迁往西安，但依余个人意见，以迁往首都保存，最为妥善。但首都目前一时无此巨厦，故暂存沪，将来是否实行迁京，须待理事会决定。存沪古物，每年开支，共需十二万元，苟向银行借款自建分院保存，当可减少许多开支……以余个人观察，保存古物，在太平时代，以聚为宜，然际此乱世时代，则分散为妥。故苟能多建设几处分院，将故宫古物，分处保存，则一旦发生事故时，比较益于处置。

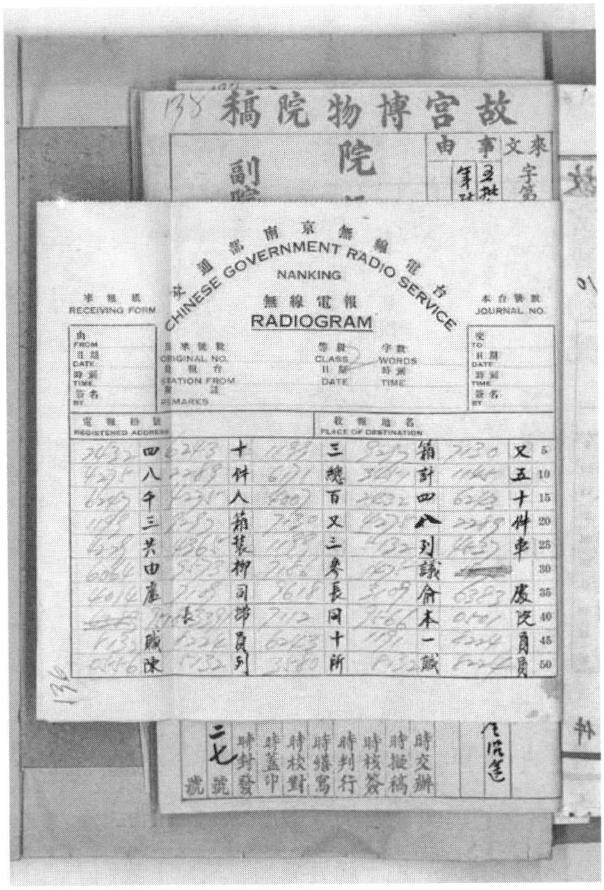

易培基致行政院电

文称：第五批南运文物总计5843箱又8件，共装3列车。由柳参议、卢司长、俞处长带同本院及陈列所职员随车押，已于本月16日上午6时30分开行。

这一次，马衡终于明确表达了自己的态度，一改先前“古物北迁”之议，转而倾向于将古物迁往南京保存，“最为妥善”；进一步又提出分散保存更妥的意见。看来，“古物北迁”之议，于马衡而言，从先前的积极献言到后来的欲言又止，再到现在的“分散保存”之调和论调，也只可到此为止了罢。

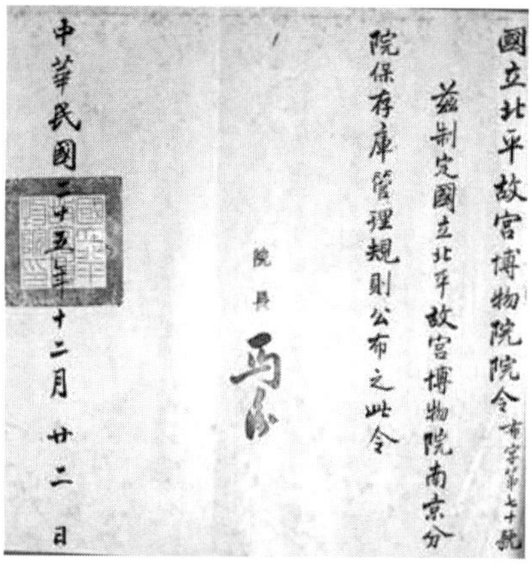
國立北平故宮博物院院令
茲制定國立北平故宮博物院南京分院保存庫管理規則公布之此令
院長 馬衡
中華民國二十五年十二月廿二日

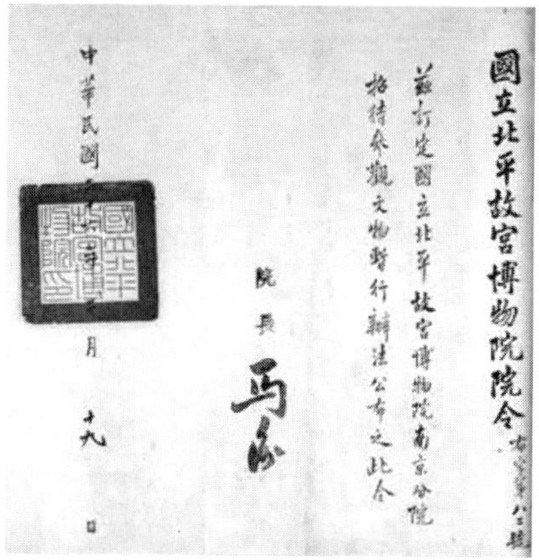
國立北平故宮博物院院令
茲訂定國立北平故宮博物院南京分院招待參觀文物暫行辦法公布之此令
院長 馬衡
中華民國 月 十九 日

马衡签发的故宫博物院院令

1936 年 10 月南京分院落成后，存放在上海库房的南迁文物于 12 月全部运到南京保存库。12 月 22 日，马衡颁布《国立北平故宫博物院南京分院保存库管理规则》。1937 年 2 月 19 日，马衡颁布第 82 号院令，执行《国立北平故宫博物院南京分院招待参观文物暂行办法》。《办法》共 10 条，主要是针对学术研究、艺术参考而请求观摩故宫博物院所藏文物者而制定。

辞职未成再受命

1934 年 1 月 26 日，报载署名“胡泽”的一篇公开质问性质的文章，题为《敬问故宫院长马衡裁员的标准》。被裁员的胡泽在文中大鸣不平，称马衡上任之际，“首先就把出版处撤销，裁掉了我们十四个职员”，并质问“被裁的我们，是否就无别法调遣录用”；还给出了应当将他们优先予以调用的理由，称“平津沪各馆科办事处，所发表的新职员已超过二十人，马氏就尽可将出版处裁撤的我们十四人先予调用，谁也不能否认以本院的人员调动办理本院的事情，要多收办事上熟练的效率”。2 月 3 日，故宫博物院接受记者采访，否认了大规模裁员计划，但间接承认了裁撤部分人员的事实。故宫内部是否需要机构改革，是否需要裁撤人员等诸问题，本来应是马衡出任之后，根据经费状况、运营状况、班子状况通过自主整合来予以解决的。但自马衡代理院长以来，旧班子、新班子与行政院多方博弈之后，又不得不渐次妥协，开始回避机构改革与人员裁撤问题了。这一内部管理问题的回避，可能加重了马衡在经费筹措、管理效率方面的压力，竟因此一度产生了辞职的想法。

马衡篆书集石鼓字六言联　1944 年

联文："护持故宫文物，来做峨眉寓公。"边跋："廿八年夏自成都移故宫文物于峨眉，石鼓与焉。因集其字为联以纪念之。鼓文以寺为持，以乍为作，濩護故勿物麋眉古通。卅三年秋鄞马衡书，时为寓公已五年矣。"

3 月 2 日，报载“故宫博物院长马衡有辞职说”，称其“因种种困难，已向中央表示辞意，惟因故宫事务诸端待理，是否能成为事实，尚未可定”。这“种种困难”，从报道上来看，主要还是经费短缺所致。3 月 3 日，南京传来消息，马衡确实已递交辞呈。他本人也向记者谈到 :“本人对故宫博物院长，原系权行代理，为时不过一月，现已半年，于个人学业精神，不无牺牲，曾呈请行政院，并函请理事会理事长，准予辞去代理院长职务。”但经各方挽留，他暂时仍代理院务，“各处事务，俱照常进行，并不停顿，本人定下周返平”。4 月 16 日，马衡在北平接受采访，再次谈到辞职之事。他说 :“余此次来平，办理结束事宜，静候行政院派员接收，在新院长未到任前，仍照常负责。”5 月 7 日，南京行政院传来消息，马衡被正式任命为故宫博物院院长。“代理”二字被摘掉，辞职显然也是未被准许的了，各方对其推重之至，不知马衡本人此时又作何感想?

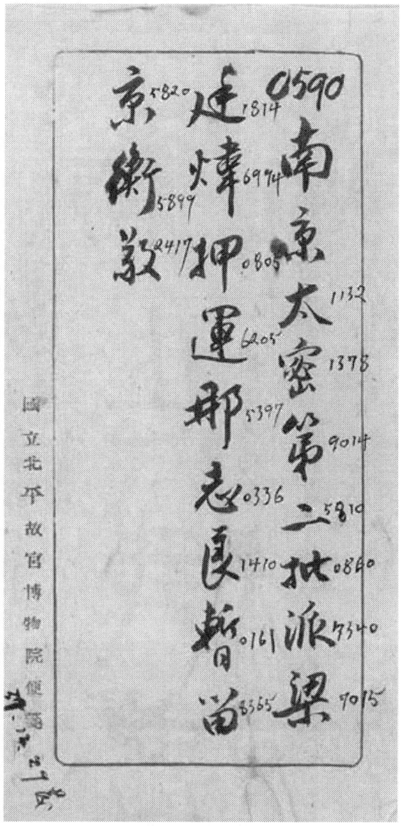

马衡电报文底稿 1948 年

1948 年 12 月，第二批文物运台。马衡院长密电:“南京。太密。第二批派梁廷炜押运，那志良暂留京。”

正式出任故宫博物院院长的马衡，出现在公共媒体的频次明显减少了许多，以他个人名义发布的声明，接受的采访，都鲜有出现。虽然故宫博物院的管理，及故宫古物的南迁，仍是各大媒体关注报道的焦点，但马衡不再以个人身份“出镜”，而是更多地以院方名义发布讯息。显然，前次代理之命，让他倍感时务之难;此次正式之命，更让他深感职责之重。他全身心地投入到前任院长交接之后的、千头万绪待重整的院务工作之中，全负荷地担负筹划、点查、保护南迁古物的各项工作之中，义无反顾的同时，也独立苍茫，在所不辞。

直到十三年后，抗战胜利，故宫重归中国政府接收之际，马衡在奔忙之余，于 1947 年 9 月 3 日广播讲演《抗战期间故宫文物之保管》，才再次以个人身份长时间地站在了公共媒体面前。这一次，他为中国民众讲述“古物南迁”之艰苦历程，其中惊心动魄、困难重重的种种细节，无不令人感动。从当年 9 月 15 日起，至 9 月 18 日止，北平《世界日报》以连载四次的方式，刊出了马衡这篇讲演稿；这也是马衡个人于 1949 年之前，最后一次以个人名义在当时的主流媒体出现。

返观马衡从受命代理院长、就任院长再到院务整改、古物南迁，再到抗战胜利之后忆述古物南迁历程——十四年弹指一挥间，这一切均与故宫相关，更始终与中国知识分子的家国襟怀紧密相联。

那志良（1908—1998）
故宫文物南迁的主要负责人之一，曾任故宫博物院峨眉办事处主任。1948 年押运第二批文物赴台湾。

马衡晚年存照（马思猛提供）

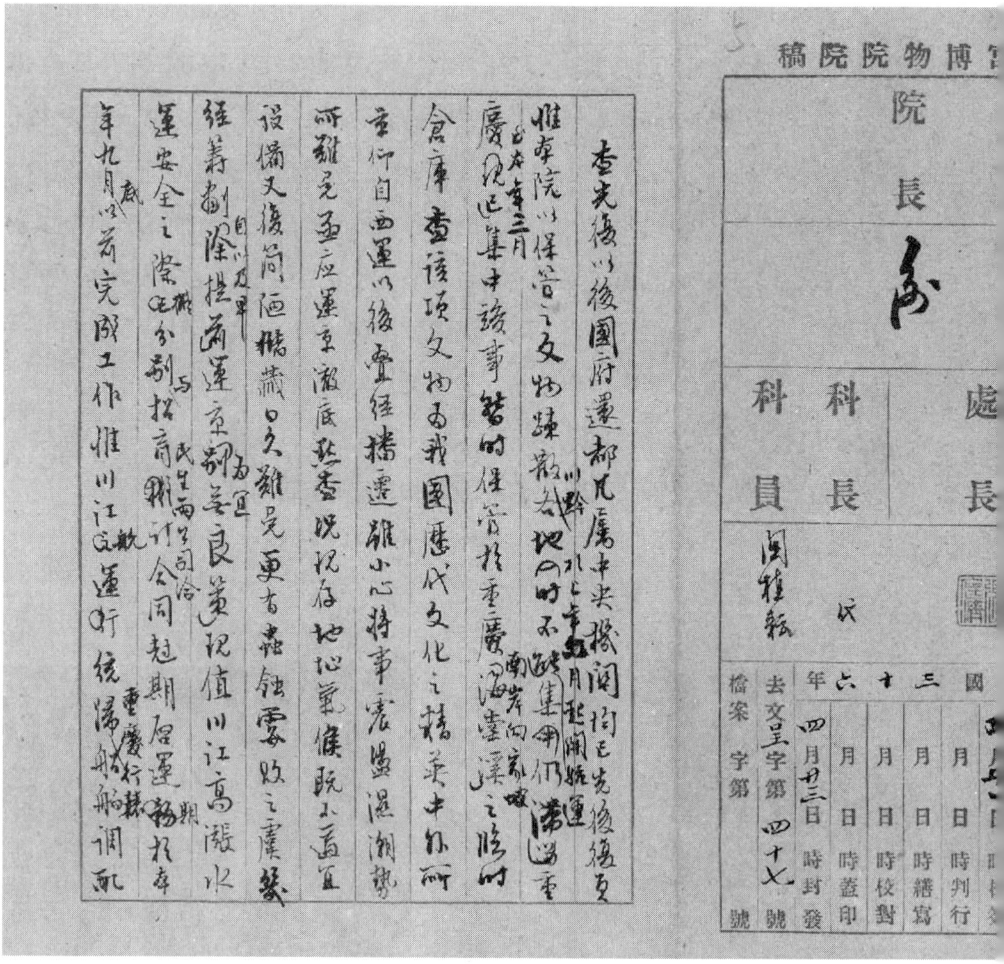

马衡呈行政院文　1947 年

就存渝文物拨船及早返京问题向行政院的呈文。

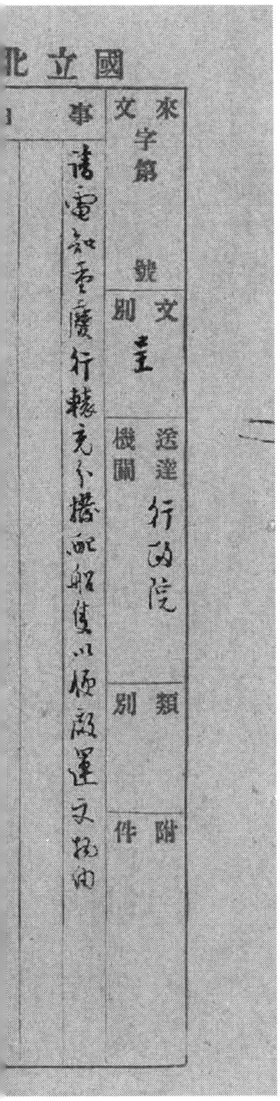

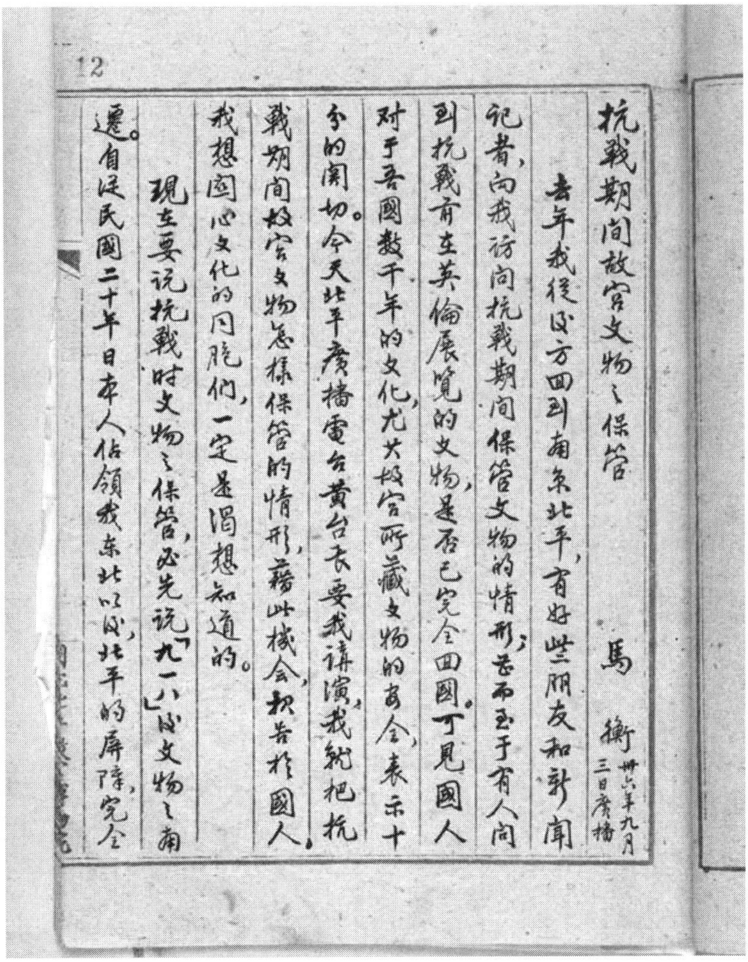

抗戰期间故宫文物之保管 馬衡 卅六年九月三日廣播

去年我從西方回到南京北平，有好些朋友和新聞記者，向我訪问抗戰期间保管文物的情形；甚而至于有人问到抗戰前在英倫展览的文物，是否已完全回國。可見國人对于吾國数千年的文化，尤其故宫所藏文物的安全，表示十分的關切。今天北平廣播電台黄台长要我講演，我就把抗戰期间故宫文物怎樣保管的情形，藉此機会，報告於國人，我想國內文化的同胞們，一定是渴想知道的。

現在要說抗戰时文物之保管，必先說「九一八」後文物之南遷。自從民國二十年日本人佔領我东北以後，北平的屏障，完全

《抗战期间故宫文物之保管》演讲稿　1947 年

演讲分“九一八”事变后、故宫文物南迁直至胜利后还都等 12 个专题。

故宫博物院古物馆同仁留影（梁德媖提供）

左侧后排右二为吴玉璋；右侧第一排右一为庄严，第二排右一、右二分别为傅振伦、徐森玉，第六排右一为牛德明。

参考文献

吴泽主编，刘寅生、袁英光编：《王国维全集·书信卷》，中华书局，1984年

马奔腾辑注：《王国维未刊来往书信》，清华大学出版社，2010年

陈平原：《追忆王国维》，三联书店，2009年

陈永正笺注：《王国维诗词笺注》，上海古籍出版社，2011年

王国维：《观堂集林》，密韵楼初版，1923年

北京大学图书馆、台湾"中央研究院"近代史研究所胡适纪念馆编纂：《胡适藏书目录》，广西师大出版社，2013年

曹伯言编：《胡适日记全编》，安徽教育出版社，2001年

中国社会科学院近代史研究所中华民国史研究室编：《胡适来往书信选》，中华书局，1979年

季羡林主编：《胡适全集》，安徽教育出版社，2003年

（英）庄士敦著，惠春琳、李亚敏、付瑞红译：《紫禁城的黄昏》，紫禁城出版社，1991年

刘思源等编：《钱玄同文集》，中国人民大学出版社，1999年

杨天石主编：《钱玄同日记》，北京大学出版社，2014年

清室善后委员会编：《故宫物品点查报告》，线装书局，2004年

张菊香、张铁荣编：《周作人年谱》，南开大学出版社，1985年

止庵校订：《周作人自编文集》，河北教育出版社，2003年

伪皇宫陈列馆编：《伪满宫廷秘录》，吉林文史出版社，1993年

杨照远、刘晓晖编著：《溥仪外记》，吉林文史出版社，1987年

南京市档案馆编：《审讯汪伪汉奸笔录》，凤凰出版社，2004年

国立北平故宫博物院文献馆编：《文献论丛》，故宫博物院，1936年

郭伯恭：《四库全书纂修考》，商务印书馆，1938年

国立北平故宫博物院编 :《文献特刊、论丛、专刊合集》,台联国风出版社,1967 年

张研、孙燕京主编 :《民国史料丛刊》第 1121 册,大象出版社,2009 年

陈美延编 :《陈寅恪集·书信集》,三联书店,2001 年

吴学昭整理 :《吴宓日记》,三联书店,1998 年

国立北平故宫博物院掌故部编 :《掌故丛编》,中华书局,1990 年

中国蔡元培研究会编 :《蔡元培全集》,浙江教育出版社,1997 年

《鲁迅全集》修订编辑委员会总编著 :《鲁迅全集》,人民文学出版社,2005 年

吴瀛 :《故宫尘梦录》,紫禁城出版社,2005 年

《梁思成全集》编委会主编 :《梁思成全集》,中国建筑工业出版社,2001 年

梁思成 :《中国建筑史》,百花文艺出版社,1998 年

梁思成原著,费慰梅编,梁从诫译 :《图像中国建筑史》,百花文艺出版社,2001 年

梁思成主编 :《中国建筑艺术图集》,百花文艺出版社,1999 年

中国营造学社编 :《中国营造学社汇刊》,知识产权出版社,2006 年

中国营造学社编 :《文渊阁藏书全景》,中国营造学社,1935 年

陈志超主编 :《陈垣全集》,安徽大学出版社,2009 年

陈志超 :《殊途同归 :励耘三代学谱》,东方出版社,2013 年

单士元 :《故宫札记》,紫禁城出版社,1990 年

葛信益、启功整理 :《沈兼士学术论文集》,中华书局,1986 年

国立北平故宫博物院图书馆辑 :《摛藻堂四库全书荟要目录》,故宫博物院,1933 年

陈垣 :《中西回史日历》,北京大学国学门,1926 年

施安昌、华宁释注 :《马衡日记》,紫禁城出版社,2006 年

陈万里摄影 :《故宫图录》,上海良友公司,1928 年

“四库全书珍本”赠苏联始末

1936 年 3 月 28 日，上海《立报》刊出一则简讯，题为“四库全书珍本赠苏联”。同一天，北平《世界日报》也刊载“我国赠苏四库全书珍本，已于前日交苏联图书馆”简讯一则。这上海、北京报载的两则简讯，均系转发“塔斯社莫斯科二十七日电”。

众所周知，四库全书为中国国宝，怎么会将其“珍本”送赠苏联呢？且细看这两则简讯的原文如下：

四庫全書
珍本贈蘇聯
廿六日行授贈禮

【莫斯科二十七日電】中華民國國民政府，以四庫全書翻印珍本贈送蘇聯對外文化交誼會，轉送蘇聯列寧圖書館，於三月廿六日行授受禮。中國方面由中國駐蘇大使館參事吳南如代表，蘇聯方面爲外委會東方新聞兩司長及列寧圖書館副館長等。【按：四庫全書爲清乾隆間徵書編纂而成的大叢書，共三萬六千餘冊。分鈔七部，建閣專藏，文淵閣在文華殿，文溯閣在奉天行宮，文津閣在熱河避暑山莊文源閣在圓明園，文宗閣在鎮江金山寺，文匯閣在揚州大觀堂，文瀾閣在杭州西湖孤山。其後文源閣燬於英法聯軍；文宗文匯燬於太平軍役；文瀾亦半燬，後經丁丙丁申兩兄弟積數十年工夫，補鈔完全，現存浙省立圖書館；文溯存書，於九一八後，爲日軍搬去；文津現存國立北平圖書館；文淵存書屬故宮博物館，現在上海庫內。翻印本爲上海商務印書館影印。先印最少見的書籍二千冊，名爲珍本，以所印十分之一的部數給教育部作爲版稅，備政府分贈友邦及頒發各學術機關。】

《立报》刊发“四库全书珍本赠苏联”简讯

四库全书珍本赠苏联廿六日行授赠礼

【莫斯科二十七日电】中华民国国民政府，以四库全书翻印珍本赠送苏联对外文化交谊会，转送苏联列宁图书馆，于三月廿六日行授受礼。中国方面由中国驻苏大使馆参事吴南如代表，苏联方面为外委会东方新闻两司司长及列宁图书馆副馆长等（按：四库全书为清乾隆间征书编纂而成的大丛书，共三万六千余册。分钞七部建阁专藏，文渊阁在文华殿，文溯阁在奉天行宫，文津阁在热河避暑山庄，文源阁在圆明园，文宗阁在镇江金山寺，文汇阁在扬州大观堂，文澜阁在杭州西湖孤山。其后文源阁毁于英法联军；文宗、文汇毁于太平军役；文澜亦半毁，后经丁丙、丁申两兄弟积数十年工夫，补钞完全，现存浙省立图书馆；文溯存书，于九一八后，为日军搬去；文津现存国立北平图书馆；文渊存书属故宫博物院，现在上海库内。翻印本为上海商务印书馆影印，先印最少见的书籍二千册，名为珍本，以所印十分之一的部数给教育部作为版税，备政府分赠友邦及颁发给各学术机关）。

我国赠苏四库全书珍本已于前日交苏联图书馆

【塔斯社莫斯科二十七日电】中华民国国民政府赠与苏联之珍贵书籍，名四库全书者，于三月二十六日在苏外交文化关系会交与以列宁命名之苏联国家图书馆。此书包括二千册，为十八世纪末出版四库全书之翻印，内有关于历史、文学及艺术问题之珍贵书籍。接收典礼参加人有中国驻苏代办吴南如，外交委员会远东第二科科长科兹罗甫斯基，外委会印刷部长亚斯塔科夫，苏联科学家及汉学家依凡诺夫教授、彼加斯基教授、丹尼基教授，列宁图书馆副馆长耶甫利门科，中国使馆之官员，苏外文化关系委员会之高级职员，及中苏报界代表。苏外文化关系委员会副委长车尔尼雅伏斯基，谓此种珍贵中国书籍，对苏联之馈赠，将为中苏文化接近上一重要贡献云。

原来，报道中所谓“珍本”，实际上是指商务印书馆翻印本。该翻印本是将四库全书原本影印，且只挑选其中“最少见的书籍二千册”，故曰“珍本”。此外，这则报道还向都市民众“科普”了四库全书现状，曾经的七部原在何处，如今又保存得如何，等等。在“科普”了之后，民众们可以得知，四库全书传世七部，当时还在中国人自己手里的只有两部半了。而这两部半中，能在上海看到的，也即商务印书馆能在上海影印的，只有一部文渊阁四库全书。显然，在经历近一个世纪的兵焚劫掠之后，从晚清的英法联军入侵到眼前的日军入侵，四库全书历诸次劫难而仅存两部半，更显珍贵。此次赠苏联的“珍本”虽是影印本，但作为“国礼”，中国政府的郑重其事，也是可想而知的。

两天后，追踪报道接踵而至。1936 年 4 月 1 日，上海《立报》采访商务印书馆负责人，刊出访谈内容，其中约略提到了影印四库全书“珍本”的一些前因后果，不妨细读。转录原文如下：

商务书馆负责人谈赠送苏联政府的四库全书珍本

共印千五百部现已完全印竣每部实价八百元

【本报特写】三月廿八日本报载：三月廿六日中国政府在莫斯科，以“四库全书翻印珍本”赠送“苏联对外文化交谊会”，转送“苏联列宁图书馆”。

在国际文化沟通的史料上，这一次“四库全书珍本”的授赠，的确是值得注意的。记者为此事特地去访问承印四库全书珍本的商务印书馆的负责人员，据说，“现在印的四库全书珍本，是‘文渊阁’的藏书，所印的，统统都是手抄的珍本，对于外面已经有的刻本，一律都不付印”。“这一次承印的总数，一共是一千五百部，由廿二年六月付印，到去年七月底完全印竣；当时便抽出一百五十部送给教育部，这一次政府送给苏联列宁图书馆的，就是这种本子”。“但是现在销数并不好，到现在为止，一共才销去一千部样子，现在还存下有三百几十部”。

故宫博物院藏“影印四库全书”四种

商务印书馆影印文渊阁本四库全书

此为特印“国礼本”，受教育部中央图书馆筹备处委托影印，所选经史子集分别用绿、红、蓝、褐四色为绢质封面。

“商务”影印四库全书珍本的缘起里对于这次影印文渊阁的四库全书说得很详细：“……二十二年，热河告警，北平震动，文渊全书既随古物南移，于是教育部复有选印四库珍本……之议。”“六月十七日教育部委托中央图书馆筹备处……规定将文渊阁四库未刊珍本缩成十六开本，限用江南毛边纸，印成一千五百部……。”当时预约价目，每部约五六百元，现在每一部的价钱是八百元。

这篇访谈，给出了关于四库全书珍本的一些基本数据。如1933年6月开印，1935年7月印成，历时整整两年。又如总印数1500部，送150部给教育部，刚好占到总印数的十分之一；1500部扣除送教育部的150部，实际用于销售的只有1350部。又如预约价500~600元，现购则需800元。

商務書館負責人談

贈送蘇聯政府的
四庫全書珍本
共印千五百部
現已完全印竣
每部實價八百元

【本報特寫】三月廿八日本報載：三月廿六日中國政府在莫斯科，以「四庫全書翻印珍本」附送「蘇聯對外文化交通會」，轉送「蘇聯列寧圖書館」。

在國際文化溝通的史料上，這一次「四庫全書珍本」的授贈，的確是值得注意的。

記者為此事特地去訪問承印四庫全書珍本的商務印書館的負責人員，據說：

「現在印的四庫全書珍本，是「文淵閣」的藏書，所印的，統統都是手鈔的珍本，對於外面已經有的刻本，一律都不付印。

「這一次承印的總數，一共是一千五百部，由廿二年六月付印，到去年七月底完全印竣；當時便抽出一百五十部送給教育部，這一次政府送給蘇聯列寧圖書館的，就是這種本子。

「但是現在銷數也不好，到現在為止，一共才銷去一千部樣子，現在還存下有三百幾十部。」

「商務」影印四庫全書珍本的緣起裏對於這次影印文淵閣的四庫全書說得很詳細：

「……二十二年，熱河告警，北平震動，文淵全書既隨古物南移，於是教育部復有選印四庫珍本……之議。

「六月十七日教育部委托中央圖書館籌備處……規定將文淵閣四庫未刊珍本縮成十六開本，限用江南毛邊紙，印成一千五百部……。」

當時預約價目，每部約五六百元，現在每一部的價錢是八百元。（B）

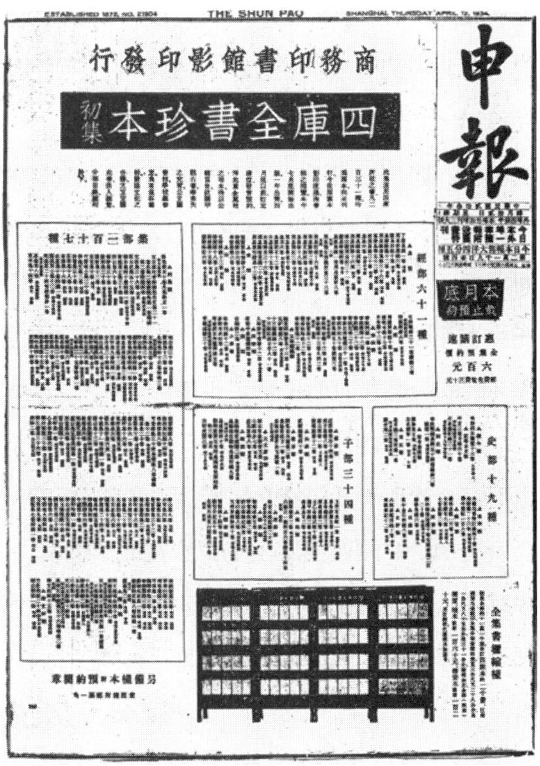

《立报》关于四库全书珍本印讫的报道
1936年4月1日

《申报》以整版刊发四库全书珍本广告
1934年

还谈到该书销量不佳的问题，如今看起来，用于销售印量的 1350 部已售出 1000 部，业绩还是不错的。毕竟，其售价 800 元，在当时已是颇为昂贵的价格了。

售价 800 元，昂贵到什么程度？须知，这 800 元即是以 800 银圆（法币未贬值前，法币与银圆 1：1 等值兑换）计价，而不是以抗战结束后疯狂扩发的，已巨幅贬值的法币来计价的。于普通民众而言，800 银圆已是一个相可当观的经济概念，可观到什么程度？几乎可以在北平买下一座四合院！姑且以鲁迅（1881—1936）购房为例，试析之。据鲁迅日记载，1924 年 5 月，鲁迅在阜成门内西三条胡同，瞧中一处四合院（现北京鲁迅博物馆），花 800 银圆买了下来。这座四合院有 3 间南房，3 间正房，东西各一间小厢房，正房后面还有一口井、几棵树、一片小花园。由此看来，当年四库全书珍本的售价，几乎等同于一座北平四合院的价格。可谓昂贵，也正合“珍本”之档次。

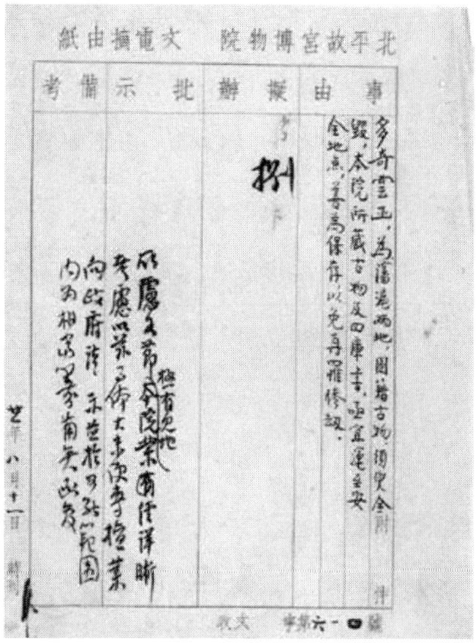

北平故宫博物院文电摘由纸

事由　拟办　批示　备考

民众敦请迁移函　1932 年 8 月 11 日

石门市市民多奇云致信故宫博物院，建议将所藏文物及四库全书运至安全地点，以免再罹惨劫。批示称其所虑极有见地，故宫方面已有考虑并向政府请示。

事实上，四库全书珍本之珍贵，还不完全归功于其影印底本之珍罕，也不完全体现于其售价之昂贵，更在于它印制历程的非同寻常、得来不易。众所周知，文渊阁四库全书，原在北平故宫，归故宫博物院管辖，只因抗战军兴，古物南迁，才暂时搬运至上海的。总部本就在上海的商务印书馆，影印四库全书“珍本”工作可谓近水楼台、就近方便。但殊不知，这部“珍本”的诞生，还曾一波三折，险些中途夭折。那么，这究竟又从何说起呢？

早在 1924 年，商务印书馆就已呈请政府，请求借印文渊阁四库全书，直到 1933 年才获准开印，历时近十年。在此期间，深藏故宫文渊阁里的四库全书原本，到底能不能运至上海实施影印，从政府内部到社会各界，都争议极大，商务印书馆一次次地被推到社会舆论的风口浪尖。

据 1935 年商务印书馆向预约订户发布的《影印四库全书珍本初集缘起》所载，在 1924 年当年，商务印书馆的呈请已获政府批准，且馆方已派人至北平点收文渊阁四库全书原本。但点装至三分之一时，"忽奉公府秘书处公函，阻止装运，事因中止"。1925 年，"政府明令改将文津阁全书点交敝馆影印，教育部与敝馆签订合同。全书装点完毕，正拟请拨专车起运，适战事发生，交通阻滞。延至十五年秋，敝馆呈请照约起运，事又中变，签约无效"。看来，政府当局的出尔反尔，让影印四库全书之事横生枝节，始终难以实施。这段历程，就发生在冯玉祥"逼宫"事件与故宫博物院成立期间，时局动荡不定，权力机构屡经更迭，公函批文遂成一纸空文。

《影印四库全书珍本初集缘起》在概述上述种种波折之后，直接"跳"

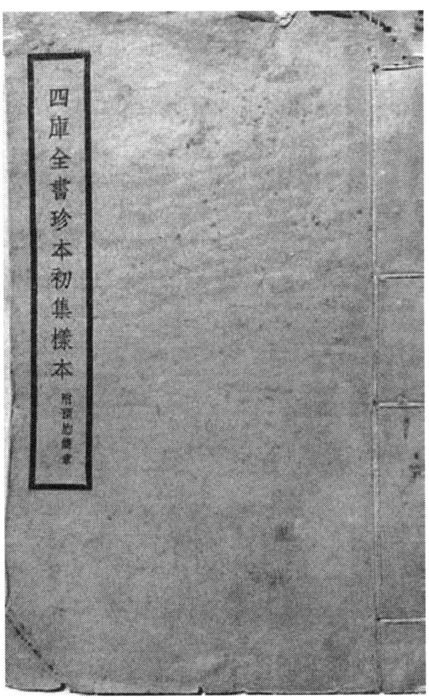

《四库全书珍本初集样本》
1935 年商务印书馆印制颁布

影印四庫全書珍本初集緣起

民國十三年，敝館為籌備開業三十周年紀念，呈請政府借印文淵閣四庫全書，既擬具計劃，復刊布緣起一文，文曰：「清代學術，邁越前古；乾隆中葉，乃有四庫全書之輯，特開專館，妙選通才，首發中祕之藏，復廣獻書之路，網羅散逸，釐訂體裁，歷時十稔，成書三千四百六十種，七萬九千三百三十九卷。壬寅春月，第一部告成，儲存大內之文淵閣，其後續成三部，分儲奉天之文溯閣，圓明園之文源閣，熱河之文津閣。又其後續成三部，分儲揚州之文匯閣，鎮江之文宗閣，杭州之文瀾閣。此其大較也。

《影印四库全书珍本初集缘起》 1935 年

到了1933年4月再次呈请国民政府获准之事迹，就算是做了一个看似“圆满”的收场。那么，其间8年时光，就真的空白无事，无话可说了吗？这8年时光，商务印书馆又为什么没有开展影印工作呢，这其中是否又另有隐情？还好，在北平《世界日报》（以下“报载”均指为该报刊载）的版面上，事关影印四库全书的种种议论与事件颇多，足可补注这“缘起”中失载的“空白期”。

1926年7月8日，报载“教育部开部务会议”新闻一则，提到“次某部员提议谓四库全书因影印关系，俱用箱装好，存在国立图书馆。现届霉天，若不赶速运印，不但与阅者不利，诚恐有虫蚀之虞。讨论结果，佥以原订影印四库全书，部中须先拿出钜款，现值中央财政困蹶之秋，恐难办到。应与商务印书馆另订办法，俾便将箱启封”。原来，按照原订合同，商务印书馆影印四库全书非但不会付教育部“版税”，相反，教育部与商务印书馆属共同承印，还需垫付相当数额之“钜款”。又因当时财政困难，此事当然就无法成行了。

7月10日，报载“教部改订影印四库全书办法”简讯一则，称“兹闻该部当局将与商务印书馆重订合同，改为轮流影印，庶较便利云云”。这里提到的“轮流影印”究系何义，没有明确解释，但揣测起来，应当是一部分一部分地分批影印之义。后来印制完成的所谓“初集”，可能就正是“轮流影印”的第一批之义罢。

7月30日，报载“商务印书馆催发四库全书，要求教部履行章士钊订立之合同”简讯一则，称：“章士钊长教时代，曾与上海商务印书馆订立翻印四库全书合同九条，并决定由政府拨给印费三十万。以便印就后，送给法国及其他各国学院。嗣因时局关系，遂尔搁浅。现该馆以北京政府业已完全成立，特于前日上呈教部，请速履行合同。将书运沪，至原定之印刷费三十万，亦可从缓拨付等语。未审教部如何批示云。”终于，商务印书馆开始催办，并拿出了章士钊任教育部部长期间所签署的合同，政府应拨印费的具体数额也被暴露，竟有三十万元之巨。但商务印书馆表示，只要尽快将四库全书运往上海以备影印即可，那三十万元的巨款还不着急要。这下，就看当局怎么回复了。

8 月 13 日，报载“教部批驳商务印书馆承印四库全书”简讯一则，称：“教部查此次订印四库本旨，不但使该印书馆承印发售，宣传文化，并拟分赠友邦，藉以发扬国光。故特种三十部之订印，尤为需要。自应与原订承印甲乙两种四库全书合同同时履行。以符原议。现已由国务会议议决将此项订印特种四库全书之款，归财政部筹拨，应俟筹款就绪，再行商订开印办法。原呈所称如政府财府为难，可将特种三十部，取消不印，先行赶印甲乙二种等语。与原议宗旨未合，应无庸议。此批。”——教部当局的批复出来了，但只是盯着特种三十部到底印还是不印的枝节问题，来批评商务印书馆不识大体。关键是印费仍然是无法到位的，四库全书原本何时运至上海影印，更无一字提及。批复“官腔”十足，却毫无推进此事的任何实质性答复；这恐怕是任何年代，任何政府机构的作风皆如此罢。看来，从北洋政府到冯玉祥、段祺瑞、杜锡珪的军政府，影印四库全书之事始终未能再进一步。

1927 年 2 月 28 日，报载“教部进行提用法款，校缮四库全书”，称先要校缮四库全书，“补足京师图书馆及奉天、杭州所储缺本”。这样一来，影印之事更遥遥无期了。直到六年之后，北京已改称北平，业已归国民政府统一管辖之后，影印之事才突然出现了转机。

1933 年 4 月 22 日，报载“文渊阁之四库全书已绝版珍本，教部拟先行印行”简讯一则，称：“教部以四库全书，关系我国文化至钜。该书原有七部，历经变乱……惟有文渊阁所藏，独为完善。若全部印行，经费难措。为便于实现起见，拟将其中未印行或已绝版之珍本，先行付印。”此时，“九一八”事变已过去一年多，东北已经沦亡于敌手，北平也岌岌可危了，故宫博物院正在筹划古物南迁。本就要南迁而去的文渊阁四库全书原本，或许才让当局长官们忽然想到了影印之事罢。

4 月 27 日，报载“教部……呈行政院印行四库全书珍本”简讯一则，称：“……文渊阁所藏独为完善，更有惠于印行，以资流通，而免失传之必要。惟值兹国难严重，全部印费筹措自属困难。……拟将其中向未付印或已绝板珍本约八九百种，先行付印……迭经本部派中央图书馆筹备处主任蒋复璁，前往北平调查研究，并赴沪接洽印刷情形，大致尚属可行。”终于，教部认为影印时机成熟，向国民政府行政院正式提出了请示。

6月11日，报载“翻印四库全书，教部已与商务印书馆签订合同”消息一则。6月15日，报载“翻印四库全书，先印三百余种……由商务印书馆承印”专题报道一则,为此,记者特意采访了中央图书馆筹备处主任蒋复璁，透露了此次影印四库全书的内幕种种，颇具史料价值。报道中蒋复璁称“此先印之三百余种，业经余及各专家会同选定，至选择之标准，以外间绝无留存之古本，只有抄本绝从未刻过，宋元间虽有刻本，而至今已散失无从寻觅者”;又称“至此次翻印底本，则决用文渊部，因文渊部抄写最早，错字较少，且因此次故宫博物院之古物，全部南迁，文渊部亦随各物运抵上海，更可减少一笔运费也”。最为关键的合同细节部分，亦有透露，称：“其全部印工材料各费，均由商务印书馆担任，印就后送本处若干部，余听商务印书馆发售，本处抽取版税，版权为国立中央图书馆所有，将来续印，须先得本处同意，续由本处抽纳版税等项。”显然，这与先前章士钊代表教育部签订的那份“旧约”完全不同了。“旧约”中由政府承担的三十万印费已了无踪迹,且教部所辖、新成立的国立中央图书馆还要从中抽取版税。看来，这国民政府的“新约”，与北洋政府的“旧约”相比的确有翻天覆地的变化。对此，商务印书馆也无法再讨价还价，只能认账买单了。

最后，蒋复璁强调了订立“新约”、启动影印四库全书工程之重大意义：

> 四库全书之翻印，前曾于民十八年一度倡议，但因迭次政变，均未实现，今始于万难之中，完成夙愿，不可不谓中国文化史上之一大成功，实可庆幸。此不特表示政府当此国难严重、百端待举之际，犹不忘文化事业之创建，即对于国际文化之沟通，亦可了却一段心愿。盖我国当民十八时，曾允许法国将此书翻印后，送其一部，即在国际联盟大会中，亦曾公开宣布，俟翻印后，与

各国交换，奈一再失约，未能履行，今后印就送去，亦可以实践前言。向各国交换其他各书，当可省却大项经费，而得多量珍贵之书，此实最有意义者也。

蒋复璁（1898—1990）晚年照

6月19日，报载“翻印四库全书合同即正式签订”消息一则，商务印书馆按“新约”开始影印四库全书，算是正式落定。7月16日，报载故宫博物院成立“影印四库全书珍本监委会”，这就意味着商务印书馆不但要受政府当局的权力制约，还要接受来自故宫博物院方面严苛的专业监督。不久，确也因之再生枝节，复起波澜。

8月4日，报载“蔡元培等对影印四库全书呈教部表示各项意见”报道一篇，篇幅颇大，显示了来自文教界专家学者的巨大影响力。因该报道涉及诸多专业意见及细节，在此酌加整理，转录原文如下：

> 教育部决定影印四库全书，定名为影印四库全书未刊珍本。北平图书馆委员长蔡元培，馆长袁同礼，特向教部贡献意见，主张影印时，应将文渊及文津两本，一一比勘，择善而从，不得置文津不顾。四库本已失原书面目，不能作为标准。蔡、袁曾会呈请教部，有所说明。教部未予采纳，闻全国学术界将有所表示。袁同礼前为影印四库全书，赴京贡献意见。昨日返平，记者往访，询问一切。兹分志各项情形如下：

袁同礼谈话 此次政府决定选印四库全书，北平图书馆同人，提出两种主张：（一）文津阁本抄写最晚，且据善本重校，故卷中譌误较少，乾隆在热河行宫时，每日翻阅，屡饬馆臣详校，遇有错字，罚令重写。故卷中剜改之处甚多，可资证明。此次影印，应将文渊及文津两本，一一比勘，择善而从，每书之后，并附校勘记，不得置文津于不顾。（二）四库本经馆臣删改，已大失原书面目，内中以宋元人文集、奏议，及史部各书为尤甚。此次影印，凡公私所藏旧刻或旧抄，可用以代替库本者，应采用最古之本，而废库本，以存其真。本馆并担任向各藏书家商借影印，汇为大观。为学术前途记，虽采访稍费时日，亦所不惜，换言之，非至不得已时，不用库本。本馆为贯澈此项学术上主张起见，特印行《影印四库全书罕传本拟目》，分寄国内外学术机关及藏书家，征求意见。一月以来，各方复信，一致赞同。足征本馆之主张，已成全国学术界之共同主张。本人在沪时，曾与委员长蔡孑民先生，联名上教育部一呈，申述吾人立场。沪上精通目录版本之学者，如董康、张元济、徐乃昌、刘翰怡、叶恭绰、冒广生诸先生，均极力赞成此项主张，并由叶君主稿，联名致函教部，贡献同样之意见。诚以此项工作，决非机械式之影印，便可了事。内中如版部之校勘，目录序跋之增补，工作繁重，亦非短期内所能举办。吾人为国家办文化事业，似不宜草率从事也。近接王部长覆函（闻系中央图书馆蒋某人代拟），对吾人之主张，似未能容纳，但本人既负典守之责，见闻所及，自当力图补救。现又派本馆编纂赵万里先生，南下接洽，作最后之努力，如当局仍主张以机械方式，一一景（影）印，则北平图书馆之参加，尚待考虑云。

蔡袁呈教部 敬陈者：闻大部现拟景印四库全书，未刊珍本，仰见发扬文化，喜惠士林之至意，无任钦佩。窃查此书校写，远在一百七十年前，或著录各省采进之本，或辑自永乐大典残轶，内中虽间有采自稿本，然大多数固多有刊本也。今兹选印，加刊以“未刊”二字于名称上，似觉未妥。此应请大部予以考虑者一也。又四库罕传之本，有原书未亡，而馆臣未及蒐访者，有据残本入录，而全帙至今尚存者，且馆臣于原书面目，任意窜改，脱简遗文，指不胜屈。今如以本馆近年所收宋元明旧刊或旧钞之本，一一比勘，尤足证明馆臣窜改摧毁之处，不一而足。且馆臣未及见之孤本秘笈，今则岿然尚存天壤。今兹影印，凡有旧刻或旧钞足本胜于库本可用以代替者，允宜采用原帙以存古书之面目，此应请大部予以考虑者二也。至此外四库所收之书，今无旧本流传，非景印库本，别无补救之法者，为数至多，内中虽不无罕传之本，但如明人关于经史之著述，其内容在学术上多无价值，今如以机械方式一一景印，非特为一无意识之举，而贻误后学，关系尤非浅鲜，拟请大部延聘通人，或组织委员会，详为审查，严定去取，藉收集思广益之效，此应请大部予以考虑者三也。又四库集部诸书，概无目录，翻检为艰，本馆近年以来，补辑此项篇目，业已竣事，自应排印于每书卷首，以资检查。管蠡之见，是否有当，敬希鉴核。谨呈教育部长。

教部复蔡袁 孑民、守和先生大鉴：前以本部影印四库全书未刊珍本一事，承殷殷垂示尊见，见征关怀文化，无任感佩。按四库全书虽多刊本，而未刊者，确有三百余种，或虽见著录，刊于宋元，而流传已少，有目未刊。此次付印，即在此项秘笈，是定名四库全书未刊珍本。此应奉复者一也。四库所以，非尽善本，且有残缺讹误，诚属实情，无庸讳言，但板本追究无穷，采访尤费时日，善本虽有，乞假非易，且以库本与刊本并印，则与普通丛书相同，恐与此次印行四库存其真相之原意，似属不符。若于四库中再以价值定其去取，则观点各有不同，主张恐难统一。而于未刊本中重加选择，则未当选之未刊本，永沦于未刊，及今不印，散佚堪虞，此应奉复者二也。至此次印行四库未刊本，所拟草目，经史两部，共计一百二十七种，查明人著述，仅得二十四种，

袁同礼（1895—1965）

其中亦多佳构，并非全无价值，且预定组织一委员会，审定目录，藉收各方宏议，以定去取，此应奉复者三也。现因印行四库未刊本，已成定议，未便更改，而印行四库底本，亦属要举，不妨并行。北平图书馆年来搜藏善本，蔚为巨观，又与各藏书家多有联络，可以商借付印，则关于筹印四库底本事宜，可否即请平馆担任，如若同意，即乞妥拟计划，报部备案。闻商务印书馆，亦乐于担任，则印刷之事，当亦不甚难也。专此布复，诸希亮察。顺颂道安不一。王世杰谨启。

这篇2000字的报道，主要包含三部分的内容，即北平图书馆馆长袁同礼访谈、袁同礼与蔡元培联名呈请教部函件、教部回复二人公函。从这三部分内容来看，学术界对此次影印四库全书的方式方法基本持全面否定意见。否定理由有多种，但归结起来，无非有三种：一为影印底本不是最佳的，需要大量校勘工作；二为四库全书的内容本身也不完整，应当寻求更原始、更完整的古本加以影印；三为选择影印的“珍本”中，大多既非善本，也非孤本，学术价值不高。这些否定理由都有着非同寻常的专业针对性，其中任何一项成立，影印四库全书工程都理应暂停。这就意味着，影印四库全书工程本身不但要从长计议、暂缓实施，甚至于从学术价值层面而言，根本就没有必要影印原书。

教育部的回复也很有意思，明确地对上述否定理由一一予以驳回；驳回的理由，几乎全部是从影印四库全书的可操作性层面提出的。的确，在政府当局看来，重要的问题不是该不该印、该怎么印的问题，而是怎样尽快、尽可能保质保量印成的问题。这与学术界的观点完全是无法对接的，只能以否定之否定来达成肯定的执行指令。换句话说，学术界是把影印工程看作了学术研究本身，而政府想要的，只是立此存照与“分赠友邦”，尽快印成了事罢了。

8月24日，鲁迅也加入到关于四库全书珍本的大争论之中，他写了一篇《四库全书珍本》，极为辛辣地讽刺了中国官、商对影印四库全书的热衷与功利。这篇署名为“丰之余”的文章，最初发表于1933年8月31日的《申报·自由谈》。原文如下：

> 现在除兵争，政争等类之外，还有一种倘非闲人，就不大注意的影印《四库全书》中的“珍本”之争。官商要照原式，及早印成，学界却以为库本有删改，有错误，如果有别本可得，就应该用别的“善本”来替代。
>
> 但是，学界的主张，是不会通过的，结果总非依照《钦定四库全书》不可。这理由很分明，就因为要赶快。四省不见，九岛出脱，不说也罢，单是黄河的出轨举动，也就令人觉得岌岌乎不可终日，要做生意就得赶快。况且“钦定”二字，至今也还有一点威光，“御医”“贡缎”，就是与众不同的意思。便是早已共和了的法国，拿破仑的藏书在拍卖场上还是比平民的藏书值钱；欧洲的有些著名的“支那学者”，讲中国就会引用《钦定图书集成》，这是中国的考据家所不肯玩的玩艺。但是，也可见印了“钦定”过的“珍本”，在外国，生意总可以比“善本”好一些。
>
> 即使在中国，恐怕生意也还是“珍本”好。因为这可以做摆饰，而“善本”却不过能合于实用。能买这样的书的，决非穷措大也可想，则买去之后，必将供在客厅上也亦可知。这类的买主，会买一个商周的古鼎，摆起来；不得已时，也许买一个假古鼎，摆起来；但他决不肯买一个沙锅或铁镬，摆在紫檀桌子上。因为他的目的是在“珍”而并不在“善”，更不在是否能合于实用的。

明末人好名，刻古书也是一种风气，然而往往自己看不懂，以为错字，随手乱改。不改尚可，一改，可就反而改错了，所以使后来的考据家为之摇头叹气，说是“明人好刻古书而古书亡”。这回的《四库全书》中的“珍本”是影印的，决无改错的弊病，然而那原本就有无意的错字，有故意的删改，并且因为新本的流布，更能使善本湮没下去，将来的认真的读者如果偶尔得到这样的本子，恐怕总免不了要有摇头叹气第二回。

然而结果总非依照《钦定四库全书》不可。因为“将来”的事，和现在的官商是不相干了。

看来，鲁迅的意见，大致与学术界意见相同。但他更敏锐地意识到了，官、商之所以急切影印四库全书的根本原因，一是“要赶快”，因为国势衰微，外侮内困危急，再不着手就来不及了；二是国人向来好附庸风雅，他们的“目的是在‘珍’而并不在‘善’，更不在是否能合于实用的”。

鲁迅文中提到的“四省不见”，即指 1931 年“九一八”后，日本帝国主义先后侵占我国东北辽宁、吉林、黑龙江、热河四省。所谓“九岛出脱”，即指“九一八”后，法国殖民主义者趁机提出吞并我国领土西沙群岛和南沙群岛的无理要求，并于 1933 年侵占了中国南沙群岛的九个岛屿。对此，中国政府也通过外交途径向法国当局提出了严正交涉。而前面已经提到过，政府当局仍然要赶印四库全书珍本，履行曾在国联宣布的赠送法国的承诺。两个事件凑在一起，直让人倒抽一口凉气。

抛开鲁迅的嘲讽不谈，除了学术界众人给影印四库全书工程施加了强大压力之外，故宫博物院方面也站出来谈所谓“内幕”了。1933 年 8 月 9 日，报载“江瀚返平谈影印四库全书内幕”报道一则，称：

故宫博物院图书馆馆长江瀚，前为出席故宫理事会，赴京参加。昨日北返，记者询以影印四库全书之经过。据谈如下：

文渊阁四库全书，向归故宫博物院图书馆保管。春间随第一批古物运至沪上，当古物滞留浦口之时，教育部曾呈请行政院，将此书拨交中央图书馆保管，后以关系过大，未能实现。旋即由中央图书馆，以影印名义，将此书版权，归诸该馆。事前未与故宫博物院接洽，遽与商务印书馆订定合同，并由教育部提出行政院会议，照案通过。是此次影印动机，已不纯洁，而非简单的学术问题也。敝院为国家文化机关，影印敝院主办，但为迁就事实，力图补救起见，除保留所有权外，其他事项，均可让步。商洽结果，乃将中央图书馆与商务印书馆签订之合同，修改数条，提交故宫博物院理事会议决议通过。现已由敝院与教育部会衔送呈行政院备案，一俟目录由敝院审查后，即可开始照相云。

故宫博物院图书馆馆长江瀚，此刻站出来说了一番“内幕”，指出“此次影印动机，已不纯洁，而非简单的学术问题也”。无非也是牵出一个利益问题，即中央图书馆乘古物南迁之机，企图将文渊阁四库全书占为己有。前面也提到过，中央图书馆与商务印书馆订立合同时，就将所谓版权攥在了手中，之所以敢于这样做，只是在于有教育部当局的批文而已。不过，合同仍然是可以再改的，“纯洁”与否，不过只是利益分配问题——这个是政府决策的基本前提，想来最终会让故宫博物院与中央图书馆都满意的罢。

江瀚（1857—1935）
辑自《故宫周刊》所载故宫博物院第一届理事会理事像片

1933年11月10日，报载“影印四库全书已始摄片”简讯一则，标志着影印工作正式开启。至此，可谓尘埃落定，喧嚣一时的种种争论，官、商、学、教各界都暂时沉寂下来，只剩下商务印

民国初年商务印书馆之照相制版部

书馆开始操办各项实务了。

最终，1935 年 7 月，影印四库全书的工作告一段落，四库全书珍本初集终于印毕。又据 1926 年 8 月 13 日，报载“教部查此次订印四库本旨……拟分赠友邦，藉以发扬国光。故特种三十部之订印，尤为需要”云云，说明除却商务印书馆印制的通行版本之外，“分赠友邦”的特别版本还另行印制有 30 部。也即是说，抛开作为版税支付的 150 部通行版本样书，至少还有 30 部是专门用于外交赠送的“国礼”书。那么，教育部当局在收到商务印书馆送来样书之后，又究竟赠与了哪些外国友邦呢？

至今所能确知的，却似乎只赠送过苏联。事实上，至 1936 年 3 月 28 日，当上海、北京的报纸都刊发了四库全书珍本赠送苏联的新闻之后，之后却再未见有中国政府向外国赠送四库全书珍本的报道。先前早已提到的将赠送法国之事，也未见有相关报道证实。即或仍有其他向外国赠送之举，又因种种原因未能见诸报端，但率先向苏联赠送确是事实。

《四库全书珍本初集》(通行本)全貌

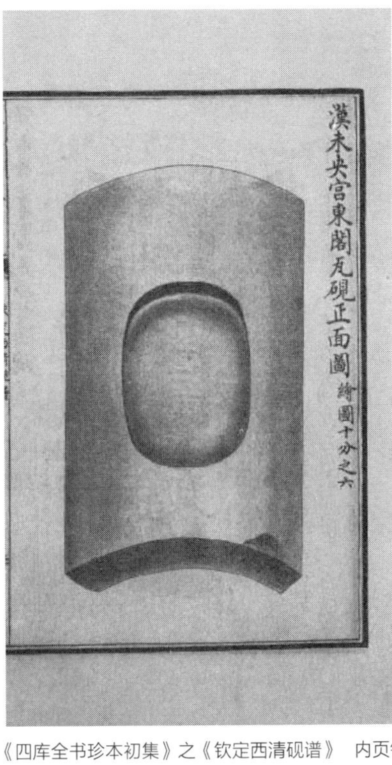

《四库全书珍本初集》之《钦定西清砚谱》　内页钤有中央图书馆筹备处的版权印

这一史实，颇耐人寻味。联系当时的国内外时局来看，“九一八”事变之后，东三省沦亡，而最可能牵制东北日军的，最终撼动日本霸权的，毫无疑问都应当是苏联。不难揣测得到，率先向苏联赠送四库全书珍本，应当是中国政府在“文化外交”上的示好之举，表明已将苏联看作最可倚重的战略同盟国。这一部在国内各种争议之下艰难诞生的“大书”，也因之具有了别样的、非同寻常的外交使命。

补记：

上文完稿约一年之后，笔者有幸又发现一宗关于“四库全书珍本”外交赠送的历史文档。该文档为商务印书馆总管理处驻港办事处发给其驻沪办事处的公函，发函时间为 1941 年 3 月 27 日。该函原文如下：

> 顷接国立中央图书馆总沙卅发第〇五五四号来函，谓经呈准教育部，将影印四库全书珍本初集赠送英国四部，美国九部及苏联三部，由英美两国驻沪总领事馆及苏联驻沪代表向尊处领取，属为照发。又属另提十五部托由本馆按时价代为出售，所得书价暂存本馆备作该馆栈租及购运书籍之需等情。兹将原函录奉，除赠送英美苏联三国之十六部，俟该总领事馆及代表来馆领取时即请尊处照发并以见复外，关于代售一节，在兹非常时期，此种巨部书籍，实难推销，已由敝处复函婉却。兹附奉副页一份，请督洽为荷。专此奉达，祇颂公绥。
>
> 总管理处驻港办事处谨启
>
> 民国 30 年 3 月 27 日

该公函之后附有商务印书馆总管理处驻港办事处致国立中央图书馆的复函之副本，为打印件，发函时间为 1941 年 3 月 28 日。该函原文如下：

大函：承示贵馆请呈准教育部将四库全书珍本初集赠送英国四部，美国九部及苏联三部，由英美两国驻沪总领事馆及苏联驻沪代表向敝沪馆领取，属为照发，并再提该书十五部按时价代为出售等情敬悉。除赠送英、美、苏联之十六部，当通知敝沪馆照发外，至托代售之十五部，在兹非常时期，此种巨部书籍，不易推销，还请贵馆自行设法兜售，俟定出后再通知敝馆在沪代为交付。专此奉覆，尚祈鉴谅为幸。

谨上　国立中央国书馆

商务印书馆总管理处驻港办事处谨启

三十年三月廿八日

这两通附有商务印书馆信件批核单的公函底本，原是留存于商务印书馆内部的文档，据此中信息，“四库全书珍本”曾赠送国家及数量终于真相大白——英国 4 部、美国 9 部、苏联 3 部，共计 16 部。就目前已知的史料文献来考察，加上之前在莫斯科已赠送苏联的 1 部，共计 17 部。

据信件批核单上的收函时间记录（1941 年 4 月 4 日）来看，赠书时间应为 1941 年 4 月左右。这是继 1936 年 3 月 26 日在莫斯科将该书赠予苏联当局之后，又一次重大的文化外交活动。只不过，这一次“分赠友邦”之举，只是通知英、美驻沪总领事馆及苏联驻沪代表至商务印书馆上海分馆领取，没有 5 年前向苏联赠书那样仪式隆重了。这与当时抗战已全面爆发，中日战局已呈焦着状态有关——国民政府已迁都重庆，整个国家已进入空前惨烈与艰难的战争状态，所有政治、经济、文化、外交活动都不可能如战争爆发之前那样严格规范。事实上，“四库全书珍本”的承印者商务印书馆，于 1932 年历经“一 · 二八”事变重创之后，也将印厂及技术资源迁建于时局相对稳定、尚在英国控制之下的香港。上述两通公函，正是在这样的特殊历史背景之下发出的。

可想而知，此时国民政府授意之下的赠书之举，大有向英、美、苏三个“反法西斯同盟”国家示好求援之意，自有其历史背景之下的特别用意。值得一提的是，从两通公函的落款时间来看，商务印书馆总管理处驻港办事处发给其驻沪办事处的公函时间，竟早于做为附件的发给国立中央图书馆的复函。可以揣测得到，时局紧迫，商务印书馆为谋求自身安全与稳妥运营，先将内部传达的意见拟出，再将回复外部的函件拟出；采取一种内部优先传达、对外统一意见的信息传递机制，确保自身运营的高效与安全。函中提到的婉拒国立中央国书馆的代销请求，也是基于效率与安全因素考虑的。

当然，抗战的全面爆发，战争的迅猛推进，并不以个人意志为转移；举国维艰、共赴国难之际，任何看似安全、稳妥的商业运营，都将在这场空前的国难面前瞬间崩毁。随着 1941 年 12 月 8 日珍珠港事变爆发，太平洋战全面爆发，上海与香港——这两处远东的超级自由港与安全港也不再安全与自由，它们同样沦于日军铁蹄之下。“四库全书珍本”的承印者商务印书馆与在该书上钤印以示版权的国立中央图书馆，都随着战局的变化，经历着各自艰苦流徙、辗转图存的历程。最终，英、美、苏三个超级大国也终于无法保持所谓“中立”态度，为了确保自身的国家利益与军事安全，不得不全力参与到世界反法西斯战争中来了。这虽是后话，但却可以算作此次“四库全书珍本”外交赠书活动的一点余声、一个脚注罢。

伦敦中国艺术国际展览会争议始末

1934 年 10 月 23 日，南京国民政府宣布，正式成立伦敦中国艺术国际展览会筹备委员会，并决定于 1936 年初将以故宫博物院藏品为主体的古物运往英国，在伦敦举办中国艺术国际展览会（以下简称“伦敦艺展”）。此消息传出，社会舆论大哗，各种传言纷起，持反对意见者众多。1935 年新年伊始，北平学术界与文化界人士，也群起反对此次国际展览会，并联名在北平《晨报》与《世界日报》发表了公开信，详细陈述了反对理由。这究竟是怎么一回事呢？

28 名中国学者联名反对

不妨细读一下，1935 年 1 月 20 日发表于北平各大报刊上的这封联名公开信，这件民国知识分子群起反对伦敦艺展的争议事件之来龙去脉，或将一目了然。在此据《世界日报》原文整理，转录全文如下：

学术界反对古物运英展览　列举三项理由希望政府慎重行事

英国政府为庆祝英皇加冕二十五周年纪念，要求我国政府，将故宫博物院及公私方面收藏文化古物一部，运往英京伦敦，开一中国艺术国际展览会，筹备经费，在英国方面，由中国对英庚子赔款中垫付，会后再由售票所得归还。我国政府，已允所请，而英国突又要求对古物不必保险。故宫古物，皆世界希有之品，无价之宝虽以重金保险，一经损失，虽有保险赔款，亦无从购求。如不保险，则远涉重洋，出国年余之国宝，谁能保其万无一失。故吾国学术界闻人，对于此种办法，深表反对，特列名发表反对意见，希望政府虽不能根本取消运英展览之举，对运出古物，亦应严格限制，以重价保险，以防万一。兹誌学术界反对意见如下：题为“我们对伦敦艺展的意见”。文曰：

报载一九三六年初，将举行于伦敦之国际中国艺术展览会，由英国政府，邀请我国政府参加筹备，我国已允所请，展览范围我国包含故宫博物院与古物陈列所已南迁之各项古物及其他公私收藏，规模极为宏大。惟事关国宝，进行上有不得不深为考虑者，同人等兹就所见，愿为政府一陈。近年世界经济没落，欧洲各城市，竞相举行展览，藉资调剂市面。故各国政府临时减低火车票价，向各地旅行社广为宣传，招揽游客，我国古物，自南迁以来，收之库房，无地展览。今举以供他人之用，殊觉可惜。今闻英国政府首次送达我国驻英郭公使之说帖，极尽拉拢之能事，如请我国对于展览物品之价值，勿事过高，俾保险费减轻，词意固极委婉，及我国完全接受其提议，参加筹备，彼即要求免去保险，殊知一九三四年法国应美国之请求，将鲁佛博物院所藏名画家惠斯莱之母亲肖像一幅，运往美国展览，保险费一百余万美金，并有军警及便衣侦探随行保护，其慎重如此，他如法国艺术只运往英伦展览者，亦无不保险。而我国政府，竟然应允既免去保险矣，彼又要求选择范围，选择范围应以最重要者为准。并予以代表故宫刊物所影印样本之质量为选择根本，惟选择非仅以影印者为限，而特殊重要之国宝，中国政府自有免议送之权云云。其所以作此要求者无他，盖恐我国以既不保险，遂不愿送珍贵之品耳，且故宫刊物所影印之特品，大都国家仅存之重要国宝，皆当免予选送，又何能为选择根本。英国国家博物院所藏之物，无论巨细贵贱，一归院有，则永不能再出院门一步。故宫博物院为吾国立唯一之博物院，何得以其宝贵之收藏，选送国外，并保险而无之耶，此直戏谈矣，似此前恭而后倨，来意既如此不善，不能不使人怀疑，此应注意者一也。又闻英方将有选择委员数人来华，因彼等留沪，不能超过两月，故望故宫已装箱封存之古物，能于彼等到时，即行开箱，俾得从速选定。夫故宫古物，为我国所有，选择之权，应属之我，岂有开箱倒箧，任人挑选，以自示无能耶。此应注意者二也。并闻选择委员中有非英国籍者，如伯希和其人，此人向与英人斯坦因在甘肃敦煌，行贿当地道士，发掘古室，盗取无数唐代以前之古物，至今犹封存巴黎国家图书馆与英伦博物馆中，不知凡几。前岁斯坦因卷土重来，举国上下，监视其行动，一时彼竟无所措其手足。今若欢迎伯希和参加此项挑选工作，不免前后歧视，自贬其尊严。英国之推此人来华，或有用意。此应注意者三也。即此三点，国与国之交往，不复在水平，是我政府应付此事，殊有因时制宜之必要。望我政府，据理力争，如无效者，以道远为辞拒绝加入，未尝不可，否则消极应付，亦当严定国宝范围，如以书画瓷器言，则自元朝以上，概以印刷品代替，不送宝物。一切由我选定，方为不失体度。至若故宫博物院与古物陈列所全部收藏，悉行运送，或择其至精无上之国宝，远涉重洋，即令重价保险，亦无人放心得下，况并保险而无之乎。举世界已有之国际展览会，不闻有此先例也。

王力、李碧芸、林徽音、侯宗濂、陈之迈、陈岱孙、赵诏熊、朱君允、沈性仁、金岳霖、秦宣夫、沈有鼎、陈铨、熊佛西、朱自清、周培源、金岳荣、浦薛凤、张荫麟、张真如、刘信芳、李健吾、林振纲、姚鸿翥、梁思成、李濂、张奚若、杨景任。

在这封1500余字的中国学者联名签署的公开信中，详细陈述了反对此次筹办伦敦艺展的理由。学者们认为，故宫国宝古物出国展览，应慎之又慎，孤品、珍品应以复制品替代。此外，对英方不为故宫古物购买保险、不做保险承诺之举也表示强烈不满，对英方还要委派专员来中国挑选古物，更觉不可思议；遂一致认定英方种种举动“来意既如此不善，不能不使人怀疑”。对于英方委员中有伯希和（Paul Pelliot，1878—1945），

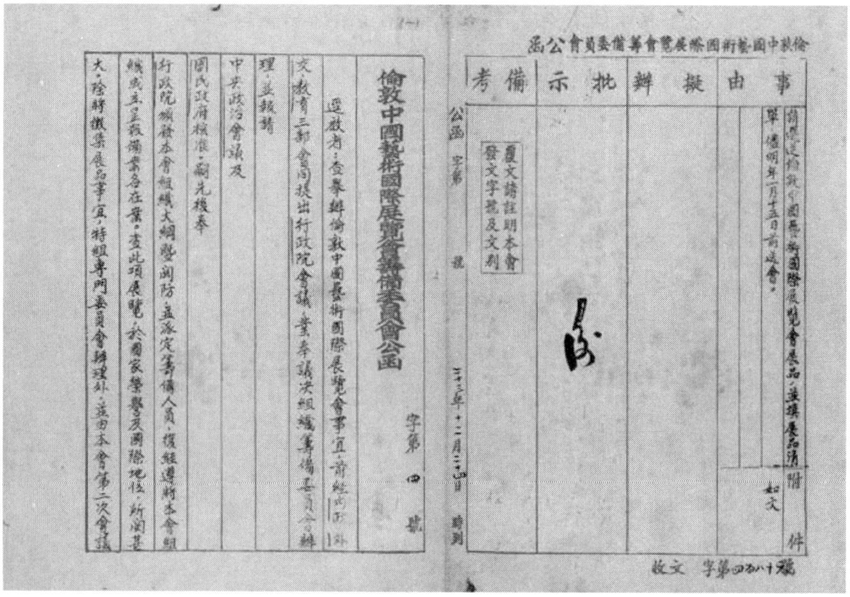
倫敦中國藝術國際展覽會籌備委員會公函

事由	擬辦	批示	備考

覆文請註明本會發文字號及文別

伦敦中国艺术国际展览会筹备委员会公函　1934 年 12 月 24 日

学者们更无法接受，直斥其曾在敦煌盗宝种种行径，并与前不久斯坦因（Marc Aurel Stein，1862—1943）欲再赴中国考古被逐事件相联系，大有驱逐伯希和的激奋之意，申言“今若欢迎伯希和参加此项挑选工作，不免前后歧视，自贬其尊严”。最后，学者们一致要求“望我政府，据理力争，如无效者，以道远为辞拒绝加入，未尝不可，否则消极应付，亦当严定国宝范围，如以书画瓷器言，则自元朝以上，概以印刷品代替，不送宝物。一切

學術界反對
古物運英展覽
列舉三項理由希望政府慎重將事

《世界日报》刊发的公开信
1935 年 1 月 20 日

由我选定，方为不失体度。至若故宫博物院与古物陈列所全部收藏，悉行运送，或择其至精无上之国宝，远涉重洋，即令重价保险，亦无人放心得下，况并保险而无之乎。举世界已有之国际展览会，不闻有此先例也”。此即学者们最后的一致意见，请求政府坚决以主体姿态定夺此次国际展览会诸种细节，绝不能被英方反客为主、牵着鼻子走，否则宁可不参加。

国民政府的公开答复

综上所述，可知当时中国文学、文艺、社科界人士中，有相当一部分人对此次伦敦艺展持反对意见。那么，国民政府对这种反对意见又有何反应与举措呢？ 28 位北平学者联名公开信发表后 4 天，1935 年 1 月 24 日，《世界日报》即报道了来自南京方面的政府回应，反应可谓极其迅速。报道称“关于伦敦中国艺术展览事，平学术界陶履恭、熊佛西等对于选择及保险等问题曾发表意见”。接着分六项做以说明：

> （一）缘起：此事原发动于英国学术界人士，联合英皇家艺术学院，向我国正式提议，以为中国艺术，其超越日常物质生活之精神，对西方人民，实具有针对之激刺性。近数年间，意法等国，在伦敦展览艺术，英与各该国间之关系，往往发现增进。中国为东方文化之祖，苟能在伦敦举行国际展览，其收效必大。我国政府，在此种考虑下，遂予以允诺，且为慎重起见，要求英政府联合主持，英已正式声明合作。（二）决定：此次艺展，在政府接受英建议前，首先征求故宫博物院理事会意见。该院决议赞同其原则后，汪蒋诸公，亦先后赞同此主张，嗣经提请政院，于中政会议决。（三）安全问题：此项问题，亦曾一再提付故宫理事会讨论，该会以为注重切实的保障，并不注重保险费，本会以兹事重大，呈政院核定。政院议决，应谋切实保障安全办法，院议理由，因保险须费大宗保险费，并不能增加物品安全，政府重视物品本身之安全。本会

照此决定，曾郑重晤英，谓如别无保障安全之切实办法，此事或终至罢议。因此为预防海盗及其他意外起见，英正式照会，愿派军舰护送。装运展览品之邮船，为减少入口时困难及意外事故起见，英方并拟于物品到英时，不在海关查验，而在展览场所会同中国代表验看。此外，英外部表示对于其他之安全事项，愿尽力协助，详细办法已改定，将另发表。（四）展品选择权：展品之初选，由中国方面办理，英方委员，于初选后，将提出主张，但彼所主张，自非经中国同意，不能生效。中国方面，对于认为不能出国之展品，即不运出国，故展品选择之最终选定权，实属于筹委会。（五）展品离国期间：此次展品出国，在往返路途中，及在英展览所需时间，共计当不过十个月左右。外间以为须时一年半或两年者，并非事实。（六）出国展品数量与质素：此次所拟选之故宫古物，以故宫古物馆存沪古物之极小一部份为限，连同此外征求之品，总共不过千五百件而已。诸凡历史上经专门委员会认为有特殊价值之国宝均不出国，此层已经故宫理事会及本会一再议决，并已正式告知英方委员会。总之，政府及本会处理此事，实未尝稍涉苟且云云。

【南京二十三日电】伦敦中国艺展筹委会，现决定租用沪外滩前中行行址三楼，为预展会场，下月十五日开始布置。

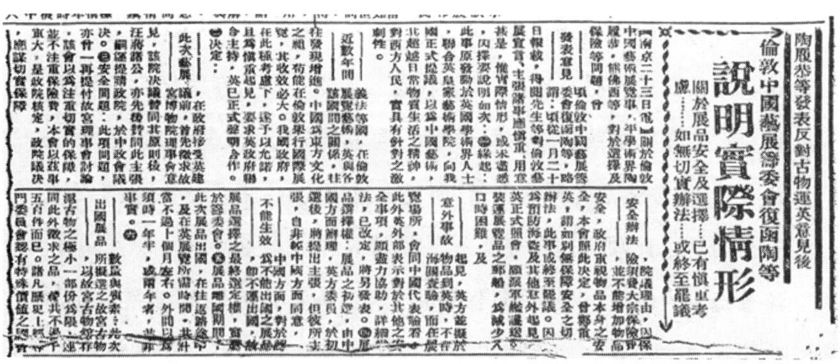

陶履恭等發表反對古物運英意見後

倫敦中國藝展籌委會復函陶等

說明實際情形

關於展品安全及選擇……已有慎重考慮……如無切實辦法……或終至罷議

刊发于《世界日报的》伦敦中国艺展筹委会复函
1935年1月24日

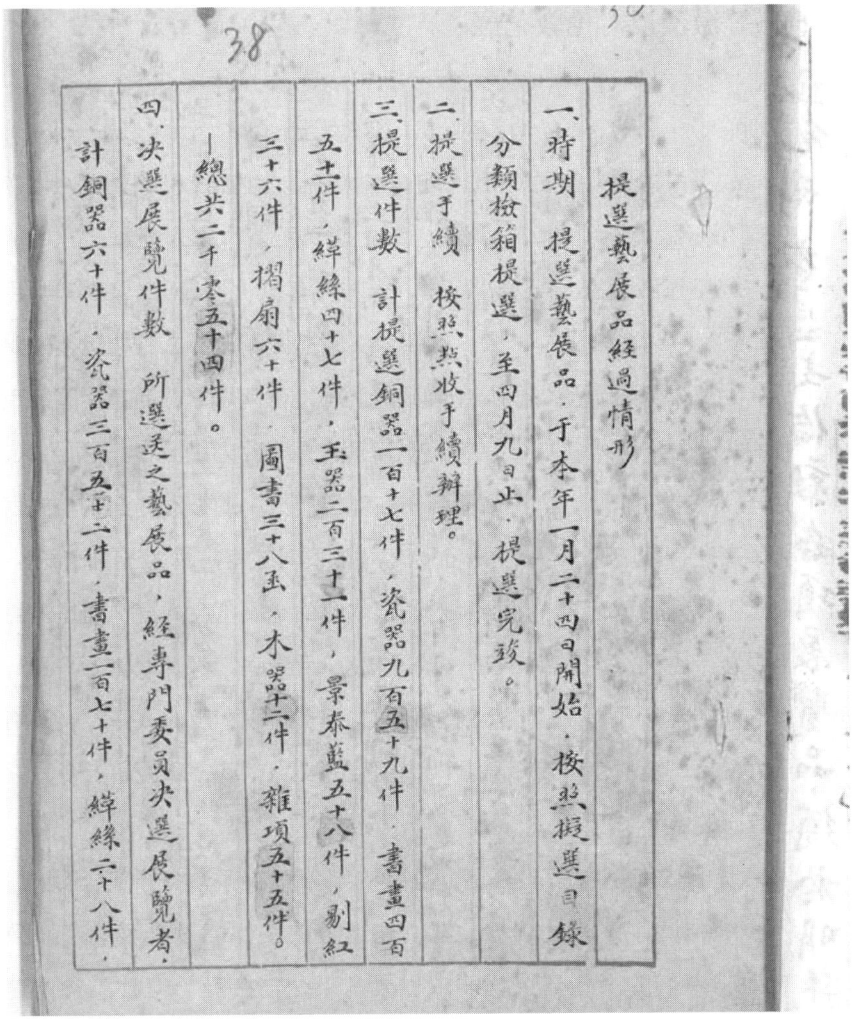

38

提選藝展品經過情形

一、時期　提選藝展品，于本年一月二十四日開始，按照擬選目錄分類檢箱提選，至四月九日止，提選完竣。

二、提選手續　按照點收手續辦理。

三、提選件數　計提選銅器一百十七件，瓷器九百五十九件，書畫四百五十件，緙絲四十七件，玉器二百三十一件，景泰藍五十八件，剔紅三十六件，摺扇六十件，圖書三十八函，木器十二件，雜項五十五件。

—總共二千零五十四件。

四、決選展覽件數　所選送之藝展品，經專門委員決選展覽者，計銅器六十件，瓷器三百五十二件，書畫一百七十件，緙絲二十八件，

故宫博物院提选艺展展品经过情形报告

报道中提到的陶履恭即著名社会学家陶孟和(1887—1960)，时任中央研究院社会科学研究所所长。在先前发表的28位北平学者联名公开信上，并没有他的签名，但已有他妻子沈性仁的签名。陶履恭可能是在公开信发表之后才签名，或者这封公开信是由他本人向当局有关方面呈递之故，所以当局覆函才冠以“陶履恭等”的说法。当然，这也从侧面说明，当时参与反对意见的中国学者之众，几乎涵盖了当时各专业门类的一流学者，并不仅仅局限于在公开信上联署签名的学者群体。

陈寅恪等激烈反对伦敦艺展

特别值得一提的是，一直反对故宫古物南迁的陈寅恪（1890—1969），此刻也对故宫古物赴英参展发表激烈的反对意见。他指出："自九一八事变以来，国民一睹而不可得，今英人一纸，遽允所请，厚人而薄己，所谓国宝者，亦不过政治家一份寿礼而已，于国何有。"（刊载于1935年1月27日的北平《晨报》）这样一来，批评矛头所指便不是什么古物运英的安全问题，也不是国际展览惯例与中国政府国际地位问题了，而直指国民政府的政治意图——不遗余力向英方示好，以期拉拢国际力量援华。无可否认，自"九一八"事变以来，国民政府当时在对日作战中的被动局面，与故宫古物大举南迁有直接的因果关系；而当年强烈反对故宫古物南迁的陈寅恪，此时又激烈反对伦敦艺展，他所反对的根本已不是展览会本身，而是国民政府当局之行径了。诚然，陈寅恪一针见血，一反到底，其胆魄与识见可佩；但更多的国内学者还是寄望于政府当局切实担责履职，及时改变筹展策略与参展办法，毕竟故宫国宝承载着中华民族的文脉精魂，牵扯着太多为之关注、焦虑的目光与思绪。

再来看上述南京方面的答复，可以说部分解决了众多学者的疑虑，澄清了一些传闻中不实的信息，在古物运英的安保问题上表明了一致态度，对学者们的一些建议与要求也大多采纳与接受。但赴英参展这一事实，铁板钉钉无可改变，且已进入倒计时状态——筹委会的相关运作，上海的预展准备，都已列入日程表中。政府当局覆函发表后次日，1935年1月25日，某文博界人士（应当即是故宫博物院内部人员）接受北平《世界日报》专访，透露此次赴英参展所谓"内幕种种"：

> **起因** 英国政府，为庆祝英皇加冕二五周年纪念，拟于一九三五年十一月，在伦敦举行"中国艺术国际展览会"，并使西方人士，一睹中国数千年来历史之珍宝。故英国皇室，向我国驻英公使郭泰祺提出此意。郭遂于八月中电京，向中央请示，并将

说帖邮呈政府。当局经审慎考虑，认为敦睦邦交，沟通中英文化，原则可予以允许。经中政会议决（未公布）复由行政院通过，交故宫博物院理事会讨论，提出该会第三次理事会议中商讨。当时理事长蔡元培，认为事体过大，应予充分时间之考虑。审议良久，咸以道途遥远，运输困难，且免外间滋疑，而有表示请政府重加研究，不必参加者。惟以当局决定在先，要求重议，未必有效，遂未再作表示。至去年冬间，渐成具体，而为外人所共知矣。

数量 出国展览之古物，故宫仅限存沪之一部，故宫理事会方面，前已决定两个原则：（一）出国古物件数，以最少为佳；（二）真正罕见之珍品，仅以相片代替，决不出国。闻出国者，约分四类：（一）字画。（二）磁器。（三）铜器。（四）玉器。已由理事会开具草单，交该院职员携沪，按单提出，再请专家审查，加以增减。最后由英方委员，会同指定，总数约占存沪古物十分之一，约为千五百件至二千件。闻派往沪办理此事之庄严、傅振伦等定旧历年前后，离平赴沪。院长马衡，亦将于最近赴沪，商洽一切。

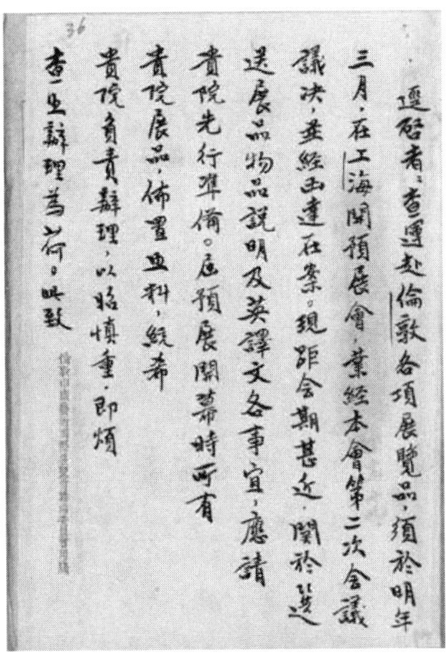
逕啓者，查運赴倫敦各項展覽品，須於明年三月，在上海開預展會，業經本會第二次會議議決，並經函達在案。現距會期甚近，關於運送展品物品說明及英譯文各事宜，應請貴院先行準備。屆預展開幕時所有貴院展品，佈置照料，統希貴院負責辦理，以昭慎重，即煩查照辦理為荷。此致

伦敦中国艺术国际展览会筹备委员会函

文中提到了关于运英古物上海预展的计划。

途中 北平方面之人员抵沪后，即开始提取点选工作，并定四月中旬，在沪先举行展览，同时积极制造特种木箱，以便途中之装运。盖存沪古物所用之木箱，係二十二年南运时，临时仓卒所制，诸多不合长途运输之用。在沪展览后，即请包装名家装箱，八九月由该馆馆员

押运出洋，抵伦敦后，即着手制作陈列所用之架柜等，为时亦须一月也。凡此种种所需之款，统由中英庚款部份暂垫，将来由收入票价付还。关于途中安全问题，为我方最慎重之点，最初英方允予保险，嗣后又谓故宫之古物，多为无价之宝，不能估价，故又提出，用最实际之方法，使途中得到最可靠之安全，然我方尚在考虑中云云。

看来，不单单是文学、文化、文艺、社会、史学界人士对此次赴英参展持反对意见，文博界内部、故宫博物院内部，原本也是持反对意见的。以蔡元培为首的故宫博物院理事曾开会讨论，也“认为事体过大，应予充分时间之考虑”，且“审议良久，咸以道途遥远，运输困难，且免外间滋疑，而有表示请政府重加研究，不必参加者”。但最终仍不得不妥协，“惟以当局决定在先，要求重议，未必有效，遂未再作表示”。

徐悲鸿痛斥“中国烂污”

与文博界不得已妥协形成鲜明对比的，是在当天报纸同版的另一篇“重磅”文章，题为“中国烂污——对于中英艺展筹备感言”，作者乃是大名鼎鼎，且身兼此次中英艺展专门委员之一的徐悲鸿（1895—1953）。这篇文章，仍在激烈反对赴英参展，比之先前的28位学者联名公开信的言辞更为激烈，在批评要点上比之陈寅恪的直接痛斥政府又更为具体。原报所载文章，全文如下：

编者按：北平学术界林徽音、陶履恭等，为反对古物运英，日前曾发表宣言，伦敦中国艺术展览会筹委会阅报载林陶等反对意见后，业已覆函林陶等，说明实际情形。上项消息，已见报载。本报昨又接艺术家徐悲鸿寄来其本人自撰一文，对此事亦有所主张，兹照录原文于后：

拆大烂污 上海俗语，称做不道地，不着实，谓之曰拆洋烂污。但恒指个人行动，即法人行动，类拆烂污者亦希。独如中英艺展将国宝远送赴英，而不保险，诚心拆个大烂污者，盖无先例。中国态度，笃信不疑，落落大方，真是天才之创造，到底与上海卖茶叶湖丝的出口商人不同。

大起疑窦 据我所知，英国鉴别东方文物权威者，为名诗人平阳（Laurence Binyon），今为大英博物院主要保管委员之一；又叶此（Yetts）精于铜器，现为伦敦大学教授，皆未与闻其事。而被派来华者，类皆商人之流，实令人大起疑窦。

奇谈奇谈 原来人家请我们送东西去陈列，在我们目的为宣扬文化——我不承认。因为中国古文明，乃世界公认，用不着宣传。英国所要的，乃一千八百年以前之物，其意若曰：中国自一千八百年以后即无文化，现代更无文化，用不着人家来选。让人家来选，即不啻宣告自己国内即无一识者。偏是来选东西的人，并不是那里的著名专家，其意何在，而我方只信他一张大英照会，听人家处置，寄运并保险亦无之，奇谈！奇谈！

得一协定 我忝为专委会之一，自然我向来不管人家闲事，我又目击此事之不妙，而政府又郑重其事，已予人以诺言，我以现代人的资格，不能不唤起人的注意。即价值千元的东西，亦必保险，并且要商量出一个完备手续，免万一之洋烂污。而我更希望贤明之政府，与驻英之大外交家，趁中国古物尚未起运以前，得一协定，要求英国在明年也到中国来开一个英国美术展览会，陈列三四百件绘画雕刊之类，我们并且声明要一千八百年前以后的东西，从Constable、Turner起，直到现代。我们并非不能选，但由他们自己选，我们很虚心的向英国文化请教，无一丝半毫作用的。易兄培基、李兄宗侗往矣，当时请他们来做故宫博物院长、秘书长时，也以为他们靠得住的很，必想不到拆这么大的烂污，可以说他们起先便有组织的。我们当局，类多君子，但君子可欺以其方，那

> 些洋商，还了得起，别叫易培基等嗤笑。那些冤桶，等样的损失国宝，却完全自送，自己也没有享受得着。哼！哼！

这篇不到 800 字的文章虽不算长篇大论，却着实将国民政府的专业能力与责任意识，批驳得体无完肤。徐悲鸿的批评着力点，既非直接斥责中国政府当局的政治功利主义，也非全然指责英国政府当局的傲慢无礼，而是从专业角度毫不留情地嘲讽国民政府官员的愚蠢、无知与草率。上海话“拆烂污”本是吴越地区的吴语方言，意思是做事苟且马虎，不负责任，致使事情糟到难以收拾。徐悲鸿用上海话“拆烂污”来形容政府官员的所作所为，可谓一针见血、戳到要害。

文中提到的“一千八百年以前之物”，实指英方要求参展古物年代下限为公元 1800 年，即基本要求古物年代至少应在清代乾隆之前。徐悲鸿认为，这本身即是对中国文化的污辱与蔑视，一则依际国际惯例，参展古物之年限及种类概应由参展国自行决定与挑选，对古物年限英方并无要求权，二则此要求即认为中国文化至清乾隆之后即断绝，是根本轻视中国现代文化的表现。而在面对英方包括古物年限、古物保险、古物挑选等种种不合理甚至于无礼的要求之下，国民政府当局竟照单全收、听凭处置，全

世界日報

中華民國二十四年一月二十五日

中國藝術國際展覽會

內幕種種

起因

數量

《世界日报》报道伦敦艺展“内幕种种”
1935 年 1 月 25 日

无理直气壮的专业意见予以回应，徐悲鸿为之大呼“奇谈”。最后，他还列出轰动一时的易培基等“故宫盗宝案”予以反讽，认为此次赴英参展，无异于“等样的损失国宝，却完全自送”。

1935 年 1 月 27 日，继《世界日报》公开披露“内幕种种”与发表徐悲鸿“拆大烂污”激烈批评之后，《晨报》又同时刊发了陈寅恪的激烈批评，与《平市学术界第二次宣言反对古物运英展览》。北平学术界第二次联名公开信，内容与第一次联名公开信大同小异，只是此次签名者略有变化，为司徒乔、朱君允、朱自清、沈性仁、沈从文、吴世昌、李健吾、林徽音、金岳霖、梁思成、黄子通、许地山、秦宣夫、张真如、刘敦桢、熊佛西、闻宥、钱稻孙、顾颉刚，共计十九人。其中不乏第一次也签名者，后来增入的则有许地山、顾颉刚等文史大家。

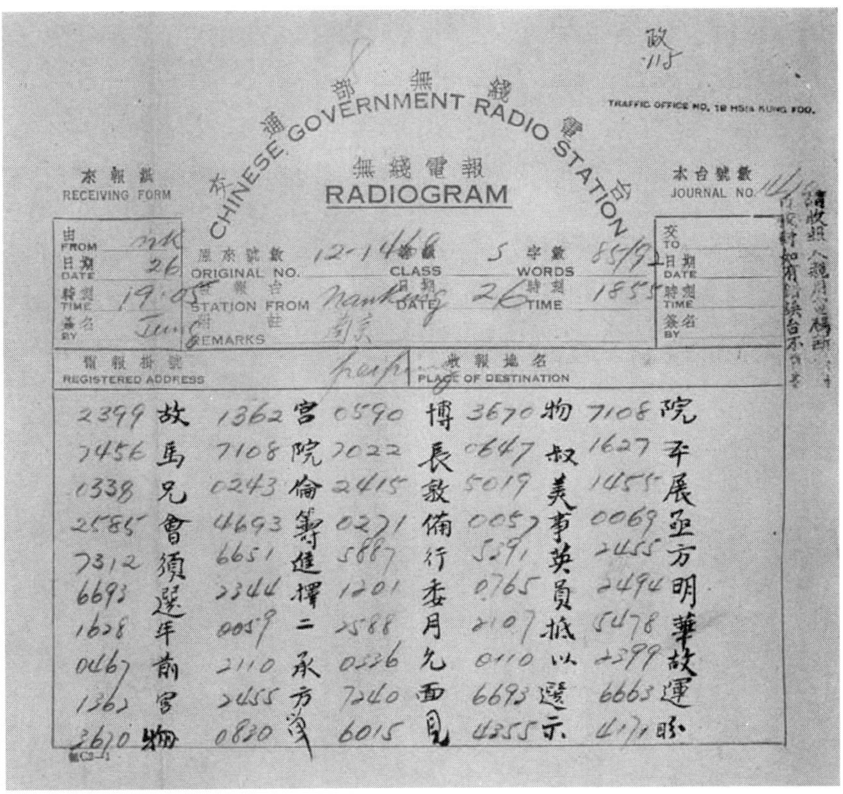
TRAFFIC OFFICE NO. 18 HSIA KUNG FOO.

交通部無綫電台 CHINESE GOVERNMENT RADIO STATION

無綫電報 RADIOGRAM

來報紙 RECEIVING FORM

本台號數 JOURNAL NO.

由 FROM 日期 DATE 26 時刻 TIME 19.05 簽名 BY

原來號數 ORIGINAL NO. 12-1468 等級 CLASS 字數 WORDS

發報台 STATION FROM Nanking 日期 DATE 26 時刻 TIME 1855

附註 REMARKS 南京

交 TO 日期 DATE 時刻 TIME 簽名 BY

報掛號 REGISTERED ADDRESS 收報地名 PLACE OF DESTINATION

2399 故 1362 宮 0590 博 3670 物 7108 院
7456 馬 7108 院 7022 長 0647 叔 1627 平
0338 兄 0243 倫 2415 敦 5019 美 1455 展
2585 會 4693 籌 0271 備 0057 事 0069 亟
7312 須 6651 進 5887 行 5591 英 2455 方
6693 選 2344 擇 1201 委 0765 員 2494 明
1628 年 0059 二 2588 月 2107 抵 5478 華
0467 前 2110 承 0336 允 0110 以 2399 故
1362 宮 2455 方 7240 面 6693 選 6663 運
3670 物 0830 單 6015 見 4355 示 4171 盼

王世杰致马衡密电

由电文内容可知英方委员将于 1935 年 2 月抵华。

“洋顾问”的商业暗战

然而，正如先前 28 位学者联名公开信的反对意见不能从根本上阻止此次赴英参展一样，无论徐悲鸿等怎样痛骂“中国烂污”，也无论陈寅恪等怎样痛责“政治寿礼”，更无论学术界又发起的第二次联名公开信如何再次重申反对意见，统统都无法阻止已经进入倒计时的伦敦艺展了。徐悲鸿的文章刊发之后数天内，中英专家商讨古物运输安全办法的新闻简讯开始陆续刊发出来。这一方面是政府当局在向学者们与民众示意，正在改进工作方法，竭力消除各方疑虑；另一方面也是在暗示，赴英参展的工作计划正有条不紊的推进，无可阻碍。

1935 年 2 月 9 日，北平《世界日报》报道了英方委员将来华挑选古物的消息，却又进一步坐实了徐悲鸿的断言，即英方委员阵容是以收藏家与古董商为主，其挑选古物的标准多是从收藏价值而非学术价值着眼的。报道称：

英收藏家即来华选择古物运英 与台维特等共同办理

【中央社伦敦七日哈瓦斯电】本年十一月间，伦敦百林顿大厦，将举行大规模之中国艺术展览会。从古代起至一八零零年止，中国历朝珍贵古物，增多将遍加搜罗，陈列展览。中国政府亦已允将存沪故宫古物，运往伦敦陈列。此项运英古物，由英国派专员赴华，会同中国政府加以选定。著名中国艺术品收藏家欧摩福波洛士

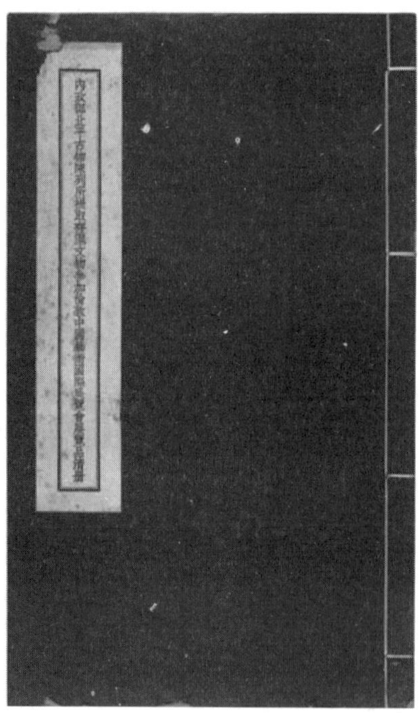

古物陈列所伦敦艺展参展文物清册

《中国研究院历史语言研究所致送伦敦中国艺术展览会展品说明》（中英文）书影

亦为专员之一，欧氏最近曾以生平所搜罗之东方贵重古物，出售大英博物馆。顷据欧氏宣称：谓已定于本星期六启程赴远东，与现在远东之台维特爵士，及赖发尔共同选择中国古物运英陈列。大英博物馆东方古物保管员郝白森，亦将偕行云。

报道中提到的“台维特爵士”，今译大维特，即著名英国收藏家斐西瓦乐 · 大维德（Percival David，1892—1964）。据大维德夫人回忆，大维德首次到北京是1924年，“那时紫禁城里的皇家珍宝正被打包在箱子里杂乱无章地放置着，没有人想到去展览。大维德成功地说服了故宫官员，挑选合适的宫殿陈设出一些珍宝，向一直期盼能看到先人遗产的市民们开放。一个合适的宫殿被选出，但需要彻底维修。大维德又提供了经济上的支持。这个展览取得了巨大成功，出版了展览图录，观众远远超出了预期……”，此后1927、1930、1931、1932、1935年，大维德又多次往返于中英之间，参与了故宫各个宫殿里文物登录以及展览和图录的策划工作(详参 :Rosemary E.Scott:*Percival David Foundation of Chinese Art, A Guide to the Collection*)。据故宫博物院的档案资料显示，1929 年 7 月 24 日，大维德爵士曾捐款 5073.05 元，用与修缮景阳宫后院御书房及购置宋、元、明瓷器陈列馆的陈列柜；1929 年 8 月 10 日，故宫聘请大维德为故宫博物院顾问。位于景阳宫御书房的宋、元、明陶瓷陈列馆，从展品遴选、展览设计甚至到说明标签的撰写，都基本上是在大维德的指导下进行的。作为可以自由出入故宫,并登堂入殿指导实际工作的博物院“洋顾问”，大维德在此次伦敦艺展中的份量也可想而知。

事实上，此次故宫国宝赴英参展，也是由大维德发起和策划的，他本人也以故宫博物院顾问与英方委员的双重身份来中国遴选展品，其地位之特殊，可以想见。他在中方提供的初选清单中，共选出铜器、书画、瓷器等 1022 件参展，其中有 735 件故宫博物院所藏文物精品，其余的则是来自古物陈列所与中研院史语所的藏珍品。在这些英方委员选中的中国文物精品之中，中国学者一再呼吁不能选送的孤品、绝品，国民政府复函中也曾响应“决不出国”的“真正罕见之珍品”，占有相当数量。仅就书画一项来看，唐宋元时期的经典作品层出不穷，如唐代李昭道所绘《春山行旅图》、宋代米芾所绘《春山瑞松图》、宋徽宗所绘《红蓼白鹅图》、元代黄公望所

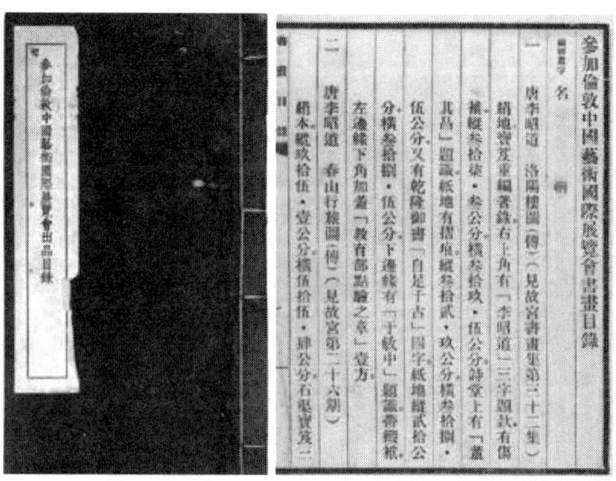

《参加伦敦中国艺术国际展览会出品目录》
筹备委员会 1935 年印制，首页即载有唐代李昭道画作两幅。

正在鉴赏古物的大维德（右）

绘《富春山居图》等。此外，为了迎合西方观众审美观，英方委员还不顾中方委员的专业建议，特意挑选了清代宫廷画家、意大利人郎世宁的两幅画作参展。可以说，无论从国宝安全性考虑，还是艺术代表性考虑，英方委员都没能让中国学者满意，国民政府先前对中国学者乃至公众的回应与承诺，在实际行动中也都大打折扣，没有切实践诺。

与之同时，以大维德为代表的英国收藏家的中国藏品，以卢芹斋为代表的海外古董商的中国藏品纷纷加入，伦敦本地的文博机构也趁机举办各种名目的展览会。这些海外藏品与主体来自故宫博物院的中国文物精品，同时在此次伦敦艺展期间亮相，

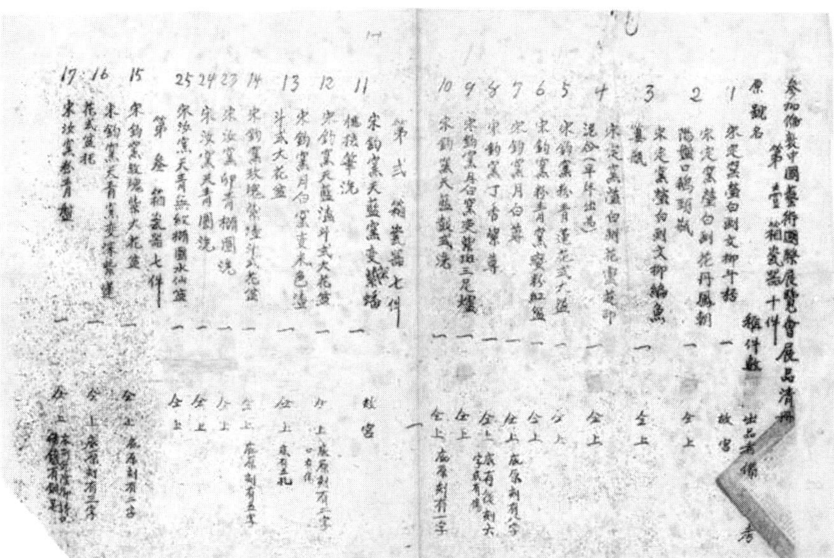

參加倫敦中國藝術國際展覽會展品清冊

第壹箱瓷器十件

原號 名稱 件數 出品者 備考

1 宋定窯瑩白剔文柳斗杯 一 故宮

2 宋定窯瑩白刻花丹鳳朝陽盤口鵝頸瓶 一 仝上

3 宋定窯瑩白刻文柳編魚簍瓶 一 仝上

4 宋定窯瑩白刻花寶蓋印泥合(平件出邑) 一 仝上

5 宋鈞窯粉青蓮花式大盌 一 仝上

6 宋鈞窯粉青窯變彩缸盆 一 仝上 底原刻有[illegible]字

7 宋鈞窯月白尊 一 仝上 底有後刻六字 底有[illegible]

8 宋鈞窯丁香紫尊 一 仝上

9 宋鈞窯月白窯變紫斑三足爐 一 仝上

10 宋鈞窯天藍鼓式洗 一 仝上 底原刻有一字

第貳箱瓷器七件

11 宋鈞窯天藍窯變紫蝙蝠[illegible]筆洗 一 故宮

12 宋鈞窯天藍灑斗式大花盆 一 仝上 底原刻有二字 [illegible]

13 宋鈞窯月白窯變木色盆斗式大花盆 一 仝上 底有五孔

14 宋鈞窯玫瑰紫渣斗式花盆 一 仝上 底原刻有五字

23 宋汝窯卵青橢圓洗 一 仝上

24 宋汝窯天青圓洗 一 仝上

25 宋汝窯天青無紋橢圓水仙盆 一 仝上

第叁箱瓷器七件

15 宋鈞窯玫瑰紫大花盆 一 仝上 底原刻有二字

16 宋鈞窯天青窯變紫蓮花式盆托 一 仝上 底原刻有三字

17 宋汝窯粉青盤 一 仝上 [illegible]

参加伦敦艺展展品清册中所列部分瓷器

激发了英国民众乃至整个西方世界对中国古物及艺术的浓厚兴趣，客观上确实推动了海外收藏中国古物的热潮，也促进了海外收藏家与古董商的商业利益之实现。虽然伦敦艺展期间，同期展出的这部分海外中国藏品本身的文物与收藏价值也相当高，并不亚于中方送展的文物精品，但掺杂其间、若隐若现的种种商业考虑与筹划，而非纯粹的政府间国际文化交流，也是显而易见的。因此，就徐悲鸿等专业人士的眼光来看，中方此次赴展一方面不但有降格示好、卑躬屈膝之嫌，更有被洋商钻营、从中牟利之失，当然是得不偿失之举了。

伦敦尽吹中国风

无论国内阻力与反对意见如何之激烈，1935 年 7 月 25 日，满载着来自中国皇宫的铜器、绘画、陶瓷等诸多珍贵古物的英国萨福克号军舰，还是缓缓驶进了朴次茅斯港。1935 年 11 月 28 日至 1936 年 3 月 7 日，英国皇家艺术学院伯灵顿展厅中，隆重展出了这批中国古代瑰宝；故宫里的珍藏的顶级古代艺术品及其所彰显的中国古代物质文明，首次跨出国

中国古物装箱搬运

舰长曼纳斯与中方艺展会秘书唐惜芬在装运古物的萨福克号上合影

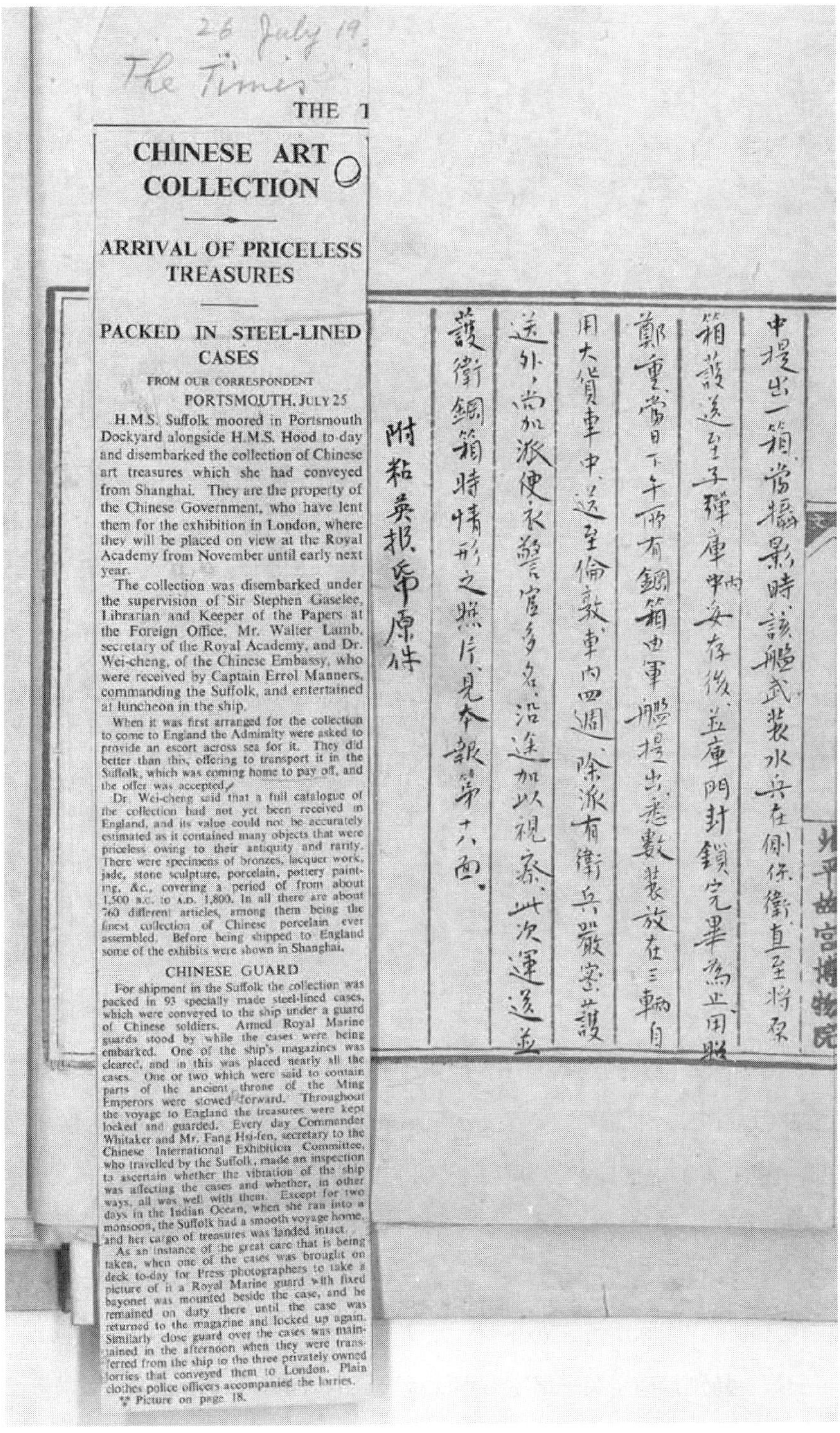

26 July 19

The Times

THE T

CHINESE ART COLLECTION

ARRIVAL OF PRICELESS TREASURES

PACKED IN STEEL-LINED CASES

FROM OUR CORRESPONDENT

PORTSMOUTH, JULY 25

H.M.S. Suffolk moored in Portsmouth Dockyard alongside H.M.S. Hood to-day and disembarked the collection of Chinese art treasures which she had conveyed from Shanghai. They are the property of the Chinese Government, who have lent them for the exhibition in London, where they will be placed on view at the Royal Academy from November until early next year.

The collection was disembarked under the supervision of Sir Stephen Gaselee, Librarian and Keeper of the Papers at the Foreign Office, Mr. Walter Lamb, secretary of the Royal Academy, and Dr. Wei-cheng, of the Chinese Embassy, who were received by Captain Errol Manners, commanding the Suffolk, and entertained at luncheon in the ship.

When it was first arranged for the collection to come to England the Admiralty were asked to provide an escort across sea for it. They did better than this, offering to transport it in the Suffolk, which was coming home to pay off, and the offer was accepted.

Dr. Wei-cheng said that a full catalogue of the collection had not yet been received in England, and its value could not be accurately estimated as it contained many objects that were priceless owing to their antiquity and rarity. There were specimens of bronzes, lacquer work, jade, stone sculpture, porcelain, pottery painting, &c., covering a period of from about 1,500 B.C. to A.D. 1,800. In all there are about 760 different articles, among them being the finest collection of Chinese porcelain ever assembled. Before being shipped to England some of the exhibits were shown in Shanghai.

CHINESE GUARD

For shipment in the Suffolk the collection was packed in 93 specially made steel-lined cases, which were conveyed to the ship under a guard of Chinese soldiers. Armed Royal Marine guards stood by while the cases were being embarked. One of the ship's magazines was cleared, and in this was placed nearly all the cases. One or two which were said to contain parts of the ancient throne of the Ming Emperors were stowed forward. Throughout the voyage to England the treasures were kept locked and guarded. Every day Commander Whitaker and Mr. Fang Hsi-fen, secretary to the Chinese International Exhibition Committee, who travelled by the Suffolk, made an inspection to ascertain whether the vibration of the ship was affecting the cases and whether, in other ways, all was well with them. Except for two days in the Indian Ocean, when she ran into a monsoon, the Suffolk had a smooth voyage home, and her cargo of treasures was landed intact.

As an instance of the great care that is being taken, when one of the cases was brought on deck to-day for Press photographers to take a picture of it a Royal Marine guard with fixed bayonet was mounted beside the case, and he remained on duty there until the case was returned to the magazine and locked up again. Similarly close guard over the cases was maintained in the afternoon when they were transferred from the ship to the three privately owned lorries that conveyed them to London. Plain clothes police officers accompanied the lorries.

*** Picture on page 18.

中提出一箱，當攝影時，該艦武裝水兵在側保衛，直至將原箱護送至子彈庫內妥存後，並庫門封鎖完畢為止。同樣鄭重，當日下午所有鋼箱由軍艦提出，悉數裝放在三輛自用大貨車中，送至倫敦，車內四週，除派有衛兵嚴密護送外，尚加派便衣警官多名，沿途加以視察。此次運送並護衛鋼箱時情形之照片，見本報第十八面。

附粘英報原件

伦敦报纸刊载故宫文物抵英详情及译稿

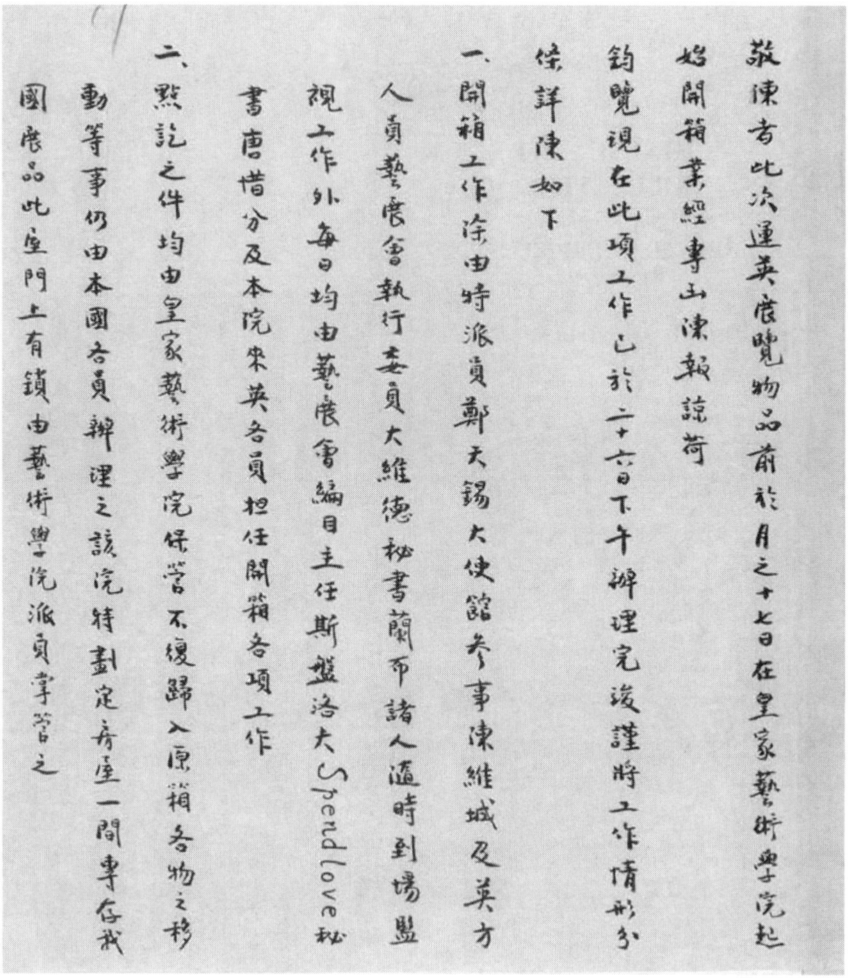

敬陳者此次運英展覽物品前於月之十七日在皇家藝術學院起始開箱業經專函陳報諒荷鈞覽現在此項工作已於二十六日下午辦理完竣謹將工作情形分條詳陳如下

一、開箱工作除由特派員鄭天錫大使館參事陳維城及英方人員藝展會執行委員大維德秘書蘭布諸人隨時到場監視工作外每日均由藝展會編目主任斯盤洛夫Spendlove秘書唐惜分及本院來英各員担任開箱各項工作

二、點訖之件均由皇家藝術學院保管不復歸入原箱各物之移動等事仍由本國各員辦理之該院特劃定房屋一間專存我國展品此室門上有鎖由藝術學院派員掌管之

庄严呈院长马衡开箱报告函

门，接受西方世界的观瞻与注视。曾亲临会场的中方人员庄严，在《赴英参加伦敦中国艺术国际展览会记》（原载《美术论集》，中国文化大学出版部，1983 年）中忆述称，“展览期限，共十四周，观者统计达四十二万零四十八人……最后数日，观者拥挤，日有二万余人，开艺术院前此未有之记录”。毫无疑问，此次展览会为 20 世纪规模最大，影响最为深远的中国古代艺术品之国际展览，盛况空前，轰动一时。1935 年 12 月 3 日，北平《世界日报》特别报道了英国皇室参观此次展览的情形，报道原文如下：

英皇等前日参观伦敦艺展绕行各室历一时半 对展览品欣赏备至

【中央社伦敦一日路透电】今日午后英皇与后，偕其媳康特公爵夫人，至柏林敦厦中国艺展会作私人参观，由郭泰祺、皇家美术院长鲁虞麟、中国政府所派展览会专员郑天锡在会恭迓。扈从者尚有鲁意斯郡主、维多利亚郡主、赖姆赛夫人诸人，步绕各室历一时半之久，对展览诸品欣赏备至。当参观时有郑天锡与李顿伯爵引导，著名美术家台维德且向诸贵宾说明许多展览品之来历，英皇与后曾询及若何许多绘品，何以能由中国安全抵英。台氏告以曾在沪制特别之箱，以装运之。后要一视此种箱件，于是乃导以视之，对运法备感兴趣。英皇过各室时，曾数次称赞各品分配之妥善与各室外观之悦目，英后亦称赞其所出各品陈列之得法。

在英国皇家艺术学院举行的开箱仪式

左至右：庄严、郑天锡、大维德、陈维诚、英国海关关员、王景春、傅振伦。

当英皇等乘车由白金汉宫赴会场时，一路上民众向之欢呼云。

庄严（1899—1980）
字尚严，曾任故宫博物院古物馆第一科科长、安顺办事处主任、巴县办事处主任。1935 年以秘书身份押运南迁文物精品参加伦敦艺展，1948 年 12 月押运南京分院文物赴台湾。

尾声：中方赠送巨型古佛像

无可否认，在国内一片哗然的反对声中，此次伦敦艺展还是取得了有目共睹的成功。毕竟，这是中国古代顶级艺术品的首次国际亮相，造成的国际影响力应当是深远的，至少在国际文化交流层面，取得了前所未有的佳绩。可以说，此次伦敦艺展，在整个欧洲乃至西方世界，的确是将“故宫文物首次正式作为民族艺术的再现”，并且展示了当时“国民政府寻求国际政治认同的尝试与努力”。

不到两年，1938 年 1 月，美国政府的“纽约世界博览会”之邀请也接踵而至。而此时，日军业已悍然发动全面侵华战争，暂存上海的故宫国宝已转移至西南后方的贵阳。故宫博物院方面虽在贵阳也精选了历代书画卷册、清代档案文献等 265 件，编制了目录，准备参展，但同年 10 月，由于武汉沦陷，古物赴美的运输线路已经为日军所封锁，参加纽约世界博览会之事只得作罢。

随着抗战局势在日军强大攻势中急转直下，中国抗战进入了最艰难的危亡时刻，国民政府寄望于以英美为代表的盟军势力援华之心，更为迫切。延续伦敦艺展以来取得的国际文化交流成果，并进一步将这种成果转化为切实的国际政治认同，成为当务之急。1938 年 7 月 27 日，香港《立报》披露了一则更为惊人的消息，国民政府竟然将曾经参加过伦敦艺展的巨型古代佛像直接赠送给了英国政府。报道原文如下：

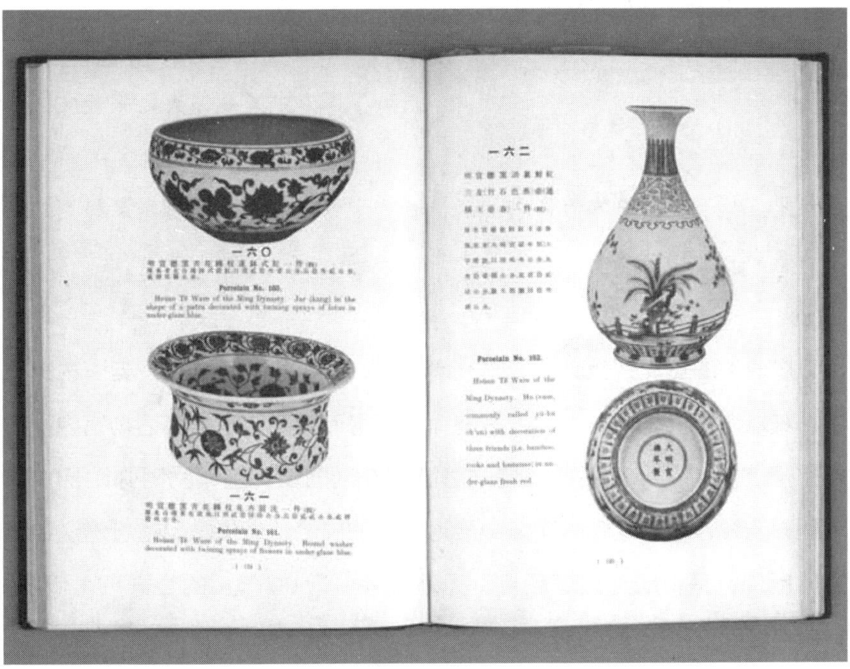

《参加伦敦中国艺术国际展览会出品图说》

1936年商务印书馆将展出的中国文物汇编成册，包括“铜器”、“瓷器”、“书画”、“其他类”四册，中英文双语说明，图文对照，珂罗版精印。

大英博物馆中的隋代巨型佛像
辑自 1936 年《国立北平故宫博物院年刊》

增进中英友谊
中国政府赠英古佛
六朝时代精美雕像曾
在英展览

【路透社伦敦十一日电】为增进中英友谊起见，中国政府购置巨大之云石佛像一具，赠送英国博物院。该佛像曾于一九三五年在伦敦举行之中国艺术展览会中，获得观众赞赏。佛像为六朝时代西历五百八十五年古物，其时正为中国最伟大之宗教文化时代。大英博物院得此，对于东方部方面将增加一极贵重古物，因对中国之赠品极表谢意。

报道中的这尊“巨大之云石佛像”，如今是否就存放在大英博物馆之中，其雕造年代是否确为六朝古物，均不得而知。但在大英博物馆内厅楼梯空隙之间，至今都还矗立着一尊高达 6 米的隋开皇年间阿弥陀佛白色大理石造像，堪称这座博物馆中最为巨硕的佛像。当年国民政府赠送给英方的巨佛，是否即是这尊巨佛，无从确考；近 80 年后的今天只可慨叹、只剩追忆而已。

《永乐大典》残本两岸重现记

前世今生

《永乐大典》是明成祖朱棣命太子少师姚广孝和翰林学士解缙主持，历时四年，于永乐六年（1408）修成的大型类书。参与编校、誊写圈点者三千余人，辑入古今图书七八千种，包括经、史、子、集、释藏、道经、戏剧、平话、工技、农艺等，搜集极为宏富。至永乐六年（1408）冬成书，全书编成目录 60 卷，正文 22877 卷，装成 11095 册，总字数约 3.7 亿字，皇帝赐名为《永乐大典》。

中国国家图书馆藏《永乐大典》书影

大典成书于南京，书成后未能刻板，只抄写一部。永乐十九年(1421)朱棣迁都时，命令撰修陈循挑选文渊阁藏书，共装100柜；与大典正本一起运至北京皇宫。大典到京，贮于文楼，其他100柜图书则暂存左顺门北廊。正统六年(1441)，北京文渊阁建成，于是将左顺门北廊的书运入阁中，大典则仍贮文楼。正统十四年(1449)南京文渊阁不幸失火，大典所据原稿及所藏其他图书均付之一炬，荡然无存。自此，贮于北京皇宫文楼中的大典遂成孤本。

嘉靖三十六年(1557)，北京宫中失火，奉天门及三大殿均被焚毁。明世宗朱厚熜担心殃及附近的文楼，严令将《大典》全部抢运了出来。为了预防不测，他还决定重新抄录一部副本。此事搁置了几年，嘉靖四十一年(1562)秋，才召选书写、绘画生员109人，正式开始抄绘。重录前，世宗与阁臣徐阶等经周密研究，制订出严格的规章制度，誊写人员早入晚出，登记领取大典，并完全依照大典原样重录，做到内容一字不差，规格版式完全相同，每天抄写三叶，不得涂改，也不允许雇人抄写。这些严密有序的举措，最大限度地保留了正本的原貌。重录工作至嘉靖四十五年(1566)十二月明世宗辞世时尚未竣工，直到隆庆元年(1567)四月才算大功告成，共费时五年。

明朝灭亡之后，《永乐大典》正本已不知下落，或称殉葬永陵，或称毁于李自成战火，总之是再没有于世间重现过。世人所能见到的《永乐大典》都是嘉靖年间抄录的副本，《永乐大典》卷一三九九一，也正是这嘉靖年间的副本之一。只不过，这一卷所辑录的全是古典戏文，记录的是原汁原味的宋元剧本，至为难得。

其实，《永乐大典》卷一三九六五至一三九九一，都是记载宋元剧本的，共计二十七卷之多。《永乐大典》卷一三九九一这一卷，只是统归为“戏”字号、凡二十七卷中的一卷，而且还是其中的最后一卷，是一部已经损失严重、很不完整的残本，但却是目前所知唯一存世的《永乐大典》“戏”字号残本。

迁台秘史

《永乐大典》卷一三九九一，何时迁往台湾，迁台历程又有着怎样的坎坷磨难？它是怎样历经四百年劫难而又重现于世的？所有这一系列疑问，无疑皆凝聚着深沉厚重的国家记忆，理应为后世所铭记。

据史料记载，大典嘉靖副本贮藏于皇史宬配殿约 150 年，到清雍正年间被移贮翰林院敬一亭。从此，这部内府藏书开始被清廷朝臣们频繁借阅，也因之不断遗失并遭受各种破坏。乾隆三十八年（1772）修《四库全书》曾利用此书，清查时发现已缺失 2422 卷，约 1000 册。

清代嘉庆、道光间，修《全唐文》和《大清一统志》时又利用大典，这期间由于监管制度不严，又被官员大量盗窃。此外，咸丰十年（1860），英法联军侵占北京，翰林院遭到野蛮破坏和抢劫，丢失大典更不计其数。其中，尤以英军抢掠最多，将其作为战利品运回该国。光绪元年（1875）修缮翰林院建筑时，清查所存大典已不足 5000 册，实际缺失已达 6000 册以上。

皇史宬旧影

叶恭绰（1881—1968）

另据记载，光绪二年（1876），清查大典库存数量之后短短一年时间，翁同龢入翰林院检查大典时，竟只剩下800册。光绪二十六年（1900），八国联军入侵北京时，翰林院成为战场，大典除战火焚毁破坏以外，再加上人为抢劫，使翰林院所藏大典副本至此全部化为乌有。各国将抢劫的大量文物古籍盗运回国，大典从此散布在世界各国图书馆和私人手中。《永乐大典》卷一三九九一，可能就在此时，远渡重洋至大洋彼岸的英国。直至1920年，叶恭绰（1881—1968）赴欧洲考察实业，在伦敦一间小古董铺里，意外的发现并购回了这一册大典残本。

1931年，"九一八"事变以后，华北局势动荡不安，政府下令古物南迁。北平图书馆已将敦煌写经、古籍善本、金石拓片、舆图及部分珍贵的西文书籍装箱后，存放在天津大陆银行等较为安全的地方。可能也恰在此时或稍早，叶恭绰也将自己从英国购回的《永乐大典》卷一三九九一，秘藏于天津租界银行的保险柜中，以此避免意外发生，确保国宝不再流落异邦。

当时北平图书馆仅藏有60册《永乐大典》，并没有收藏《永乐大典》卷一三九九一，但曾专门派人据此卷抄录了一份副本留存。当时主持抄录副本工作的文献学家赵万里（1905—1980）是国学大师王国维的同乡兼门生，精于版本、目录、校勘、辑佚之学。时任北平图书馆善本部采访组组长的他，正着力访求各类流散民间的珍贵古籍，因见部分《永乐大典》遗失海外，国内无存，甚为痛心，便有意将境外之《永乐大典》进行抄录，以补馆藏不足。叶恭绰从英国购回的《永乐大典》卷一三九九一，当然引起了赵的重视，他迅即组织人力，对原本进行了精心的“景钞”。所谓“景钞”，也即“影钞”，是近于影印效果的一种人工复制，即是按照原书原有行格、篇幅、字数、字体进行全方位的一比一原比例复制，类似于现代的复印技术。

值得一提的是，赵万里可能还是国内最早撰文、专门介绍《永乐大典》卷一三九九一的学者。赵氏所撰《记永乐大典内之戏曲》一文，并附有一页珂罗版书影，刊载于《北平北海图书馆月刊》第2卷第3、4号合刊的“永乐大典专号”之中，是年为1929年。这期“专号”中，赵连撰三篇论文，一为《永乐大典内辑出之佚书目》，二为《馆藏永乐大典提要》，第三篇即为《记永乐大典内之戏曲》。可以看到，在综述他所经历的《永乐大典》收藏、访求、研究史中，专列一文来探讨《永乐大典》卷一三九九一的相关内容，足见其对这部大典残本的浓厚兴趣。

赵万里对馆外《永乐大典》的访求、抄录副本工作从1930年代一直持续到1950年代，在历时近20年的抄录工作中，经其组织抄录的这些《永乐大典》副本本身也已极其珍贵，绝大部分均难得一见，独具文献价值。从现存的赵万里所抄副本情况来看，大部分为红格誊抄本，由是可知并非所有的副本均采用原比例复制的“景钞”。究其原由，无非有两种。一是所据原本已不是明代嘉靖写本，而是清代各类官方或私人的过录本，没有必要“景钞”；二是原藏者不愿意提供原件，或时间仓促，没有足够的主客观条件予以“景钞”。

赵万里（1905—1980） 摄于1926年

可以说，正是由于叶恭绰的慷慨无私、赵万里的高度重视，才合力促成了《永乐大典》卷一三九九一景钞本的诞生，这一景

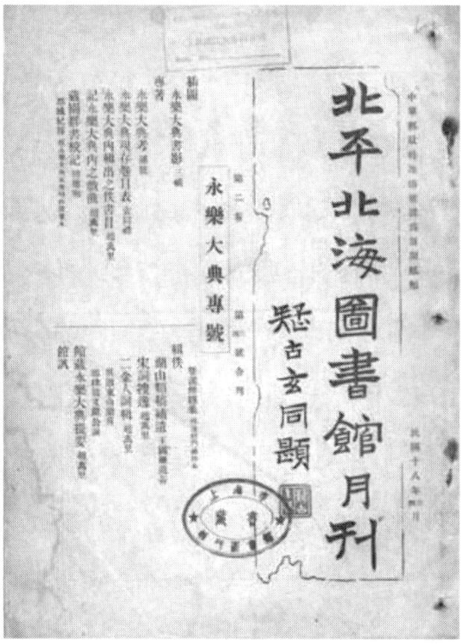

北平北海圖書館月刊

疑古玄同題

永樂大典專號

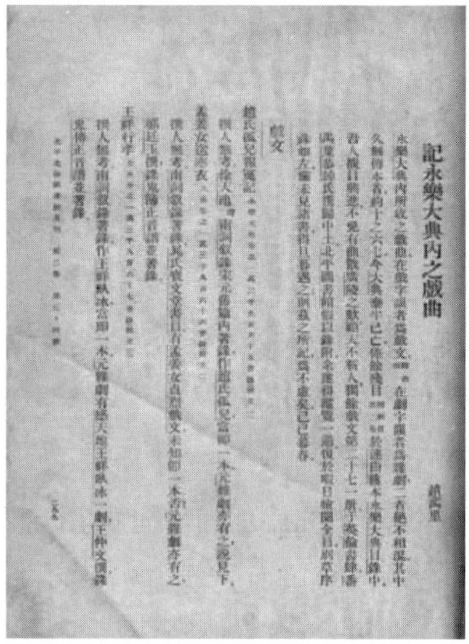

記永樂大典內之戲曲

《北平北海图书馆月刊》之永乐大典专号

刊有赵万里文章三篇，附《永乐大典》卷一三九九一书影。

钞本也成为北平图书馆的重要馆藏之一。在这一景钞本的基础之上，又陆续有若干种“仿钞本”、“精钞本”诞生，均是馆方或者学者再次录副的结果，其中一种还于 1954 年辑入郑振铎 (1898—1958) 主持编印的《古本戏曲丛刊》初集，这个“影之再影”的影印本，成为大陆戏曲研究学者能够比较容易用到的工作底本，也几乎就等同于叶氏所藏的原本。那么，叶氏所藏的原本，此时又身在何方呢？

事实上，在北平图书馆景钞本诞生之后，国民政府决意古物南迁之前不久，1931 年 5 月，由北京大学马隅卿等人发起的“古今小品书籍印行会”又主持铅字排印了《永乐大典戏文三种》，此书就是以北图景钞本为底本校印的。为什么没能用叶氏所藏的原本作底本校印，或者说为什么不直接以原本影印出版，恐怕与当时原本根本就没在北京有一定的关系。其实，叶恭绰本人早有将原本影印出版、以广流传的想法，并没有深藏不露、秘而不宣的意思；他还为《永乐大典戏文三种》亲撰跋文，简述了原本发现经过，也提到“亟愿此书流通”、“影印姑待他日”云云；在马隅卿等以北

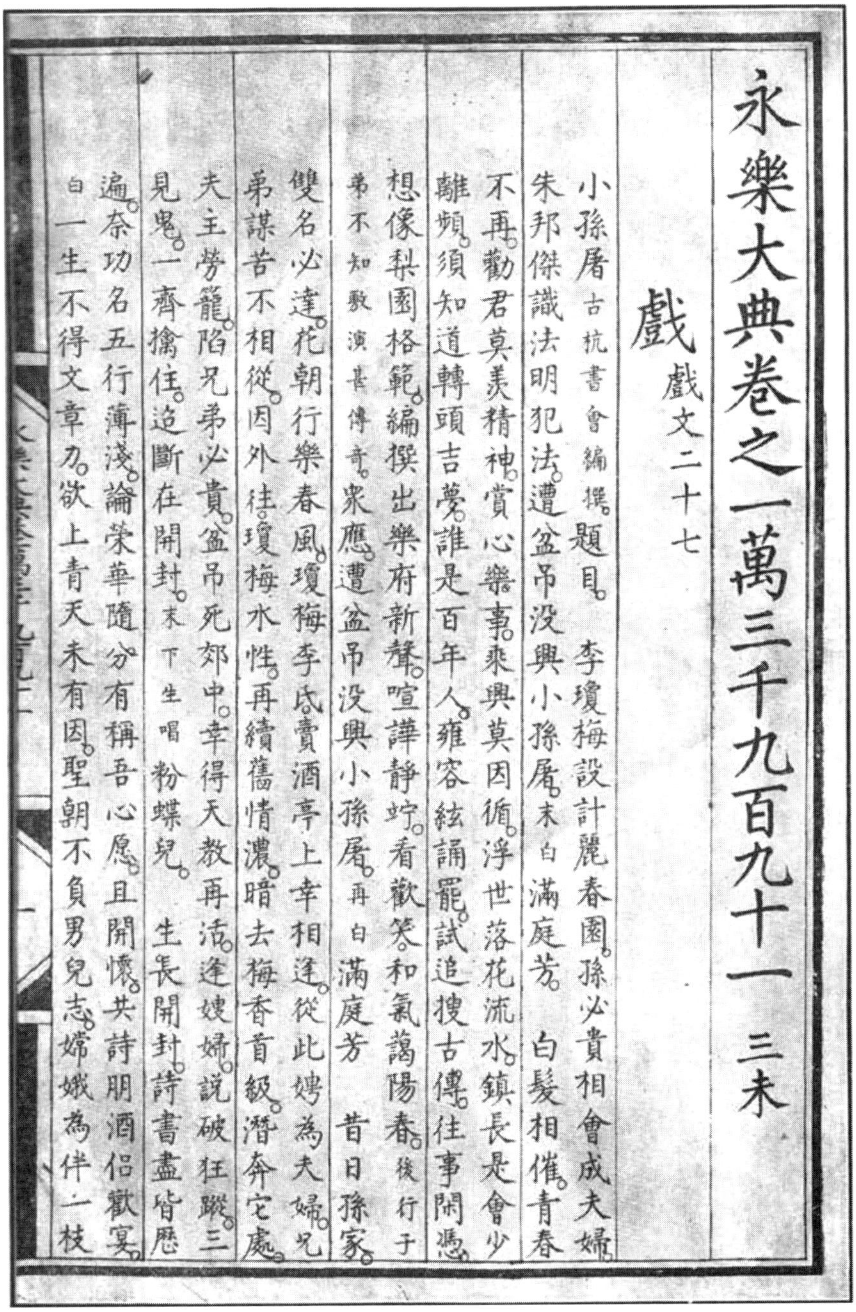
永樂大典卷之一萬三千九百九十一 三未
戲 戲文二十七
小孫屠 古杭書會編撰 題目 李瓊梅設計麗春園 孫必貴相會成夫婦
朱邦傑識法明犯法 遭盆吊沒興小孫屠 末白 滿庭芳 白髮相催 青春
不再 勸君莫羨精神 賞心樂事 乘興莫因循 浮世落花流水 鎮長是會少
離頻 須知道轉頭吉夢 誰是百年人 雍容絃誦罷 試追搜古傳 往事閑憑
想像梨園格範 編撰出樂府新聲 喧譁靜佇 看歡笑和氣藹陽春 後行子
弟不知敷演甚傳奇 衆應 遭盆吊沒興小孫屠 再白 滿庭芳 昔日孫家
雙名必達 花朝行樂春風 瓊梅李氏賣酒亭上幸相逢 從此娉為夫婦 兄
弟謀苦不相從 因外往 瓊梅水性 再續舊情濃 暗去梅香首級 潛奔宅處
夫主勞籠 陷兄弟必貴 盆吊死郊中 幸得天教再活 逢嫂婦 說破狂蹤 三
見鬼 一齊擒住 迨斷在開封 末下 生唱 粉蝶兒 生長開封 詩書盡皆歷
遍 奈功名五行薄淺 論榮華隨分有稱吾心愿 且開懷 共詩朋酒侶歡宴
白 一生不得文章力 欲上青天未有因 聖朝不負男兒志 嫦娥為伴一枝

《永乐大典》卷一三九九一残卷原本书影　现已归藏台湾“国家图书馆”

图景钞本为底本校印出版之际，他表示“乐观其成”。

或许，由于叶恭绰已经预料到了战事的危急，此时已将《永乐大典》卷一三九九一原本转移秘藏。此举虽然未能让后来的学者们一睹原本真容，一时未能采取影印原本的出版方式，而不得不以景钞本为底本来排印出版，多少有些遗憾，但毕竟保全了国宝，在行将来临的战乱前及时做出了果断抉择。

1933 年 5 月，国民政府教育部电令北平图书馆将宋元精本、《永乐大典》、明代实录及明人文集挑选精品南迁，以防不虞。接电后，北平图书馆即将包括《永乐大典》在内的善本典籍运往上海,存放于公共租界仓库。原先同时秘藏于天津银行的《永乐大典》卷一三九九一原本是否也随之南迁，不得而知；此时叶是否已经将此书捐赠或售予北图，也无从考证。但有一点确是可以肯定的,《永乐大典》卷一三九九一随后踏上了飞赴美国、转迁台湾的旅途。这从时局的演进，与叶氏的生平事迹来看，都可以做大致的推定。

原来，1937 年“八一三”事变以后，上海沦陷，不久欧战爆发，国内局势进一步恶化，存放在上海的珍贵图籍也因之受到严重威胁。北图

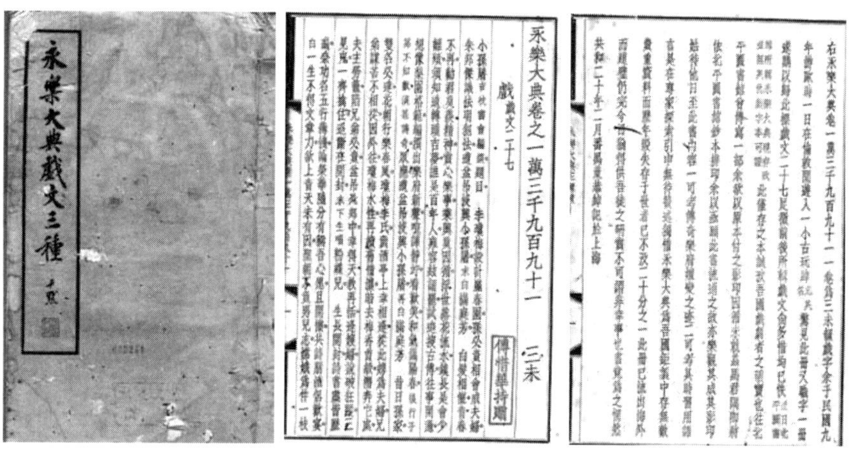

《永乐大典戏文三种》

1931 年“古今小品书籍印行会”出版。沈尹默封面题笺，正文首页钤“傅惜华持赠”印章，叶恭绰跋简述发现经过及排印本缘起。

代理馆长袁同礼(1895—1965)和上海办事处代表钱存训(1910—2015)，通过驻美国使馆与美国联系，决定将这批善本再做挑选之后运往美国寄存，此次选取的3000种图籍中就有60册《永乐大典》。这批精之至精的善本，于太平洋战争爆发之前运抵美国，由美国国会图书馆代为保管。1965年，这批善本又全部转运至台湾。

钱存训(1910—2015)

与此同时，叶恭绰也在为保护国家文物不遗余力。抗日战争爆发后，上海沦陷，他准备避难香港。临行前，秘密将珍藏的7箱文物寄存在公共租界英商美艺公司仓库，其中就有国宝毛公鼎等重器。抗战胜利后，这批当时由军统局秘密保护的国宝，全部转交南京中央博物院保存。此外，叶氏还将大批珍贵古籍和文物直接捐献给图书馆、博物馆。1943年，他将藏书906种，3245册捐赠上海合众图书馆；其珍藏的文物则或捐赠、或出售，尽归北京、上海、广州、苏州、成都等相关文化机构收藏（如《鸭头丸帖》归上海博物馆，《楝亭夜话图》归吉林省博物馆等）。可以看到，所有这些在抗战后才露面现世的，均没有留在叶手头的珍贵文物、古籍，早在抗战前或抗战中，就已经由他精心筹措、苦心操办，分散保存于当时国民政府的各类文博机构之中了。而其中独独未见的《永乐大典》卷一三九九一，可能是唯一有资格、有便利、有机会登上避难至美国国会图书馆专机的叶氏旧藏之一。

再来看1949年从香港回到北京的叶恭绰。他更为积极地从事文博事业，经其手鉴定、搜求、购藏、捐赠的文物古籍不计其数，但《永乐大典》卷一三九九一始终未再露面，他本人也从未提及。唯一合理的解释只能是，在抗战前后，《永乐大典》卷一三九九一已经不再属于他个人，无论是其捐

永樂大典卷之一萬三千九百九十一 三未

戲 戲文二十七

《宋元南戏百一录》内页

附北图景钞本《永乐大典》卷一三九九一书影。

赠、售予或战时托管，这册书已经属于“国家财产”,登上了飞往美国、转迁台湾的航机。

关于《永乐大典》卷一三九九一在抗战前后的踪迹，以及最终运至台湾的这段历程，笔者的上述推测与判定，后来得到了初步证实与进一步的厘清。据台湾学者汪天成教授考证，现藏于台湾“国家图书馆”的《永乐大典》卷一三九九一，是当年由“中央图书馆”通过中英庚款董事会，以保存文献名义购入典藏的（详参：汪天成《〈永乐大典戏文三种〉的再发现》,《戏曲艺术》季刊 2010 年第 1 期）。也即是说，当时的国民政府确实是从叶恭绰手中购得了《永乐大典》卷一三九九一，使之从私人藏品重归于国之重宝，历经国难种种，终将其转运至台湾珍藏。

但与笔者推测略有出入，也更为传奇的是,《永乐大典》卷一三九九一当年并未搭乘飞赴美国的专机，而是滞留在了香港，未能在太平洋战争爆发之前转运出去。随着香港被日军攻占，它与中央图书馆寄存在港的大批善本古籍曾被劫往日本，抗战胜利后方才重回南京。1948 年此书终于得以与中央图书馆大批善本古籍一道迁往台湾，珍藏至今。

失踪传闻

1934 年 12 月,《燕京学报》第九专号，刊印了一部名为《宋元南戏百一录》的专著。书中附印了一页珂罗版影印的《永乐大典》卷一三九九一，题为“永乐大典小孙屠戏文”。这是继北平图书馆景钞本、1931年排印本《永乐大典戏文三种》面世之后,《永乐大典》卷一三九九一首次向公众以一页书影的方式展露真容。相信对于普通学者、读者而言,《宋元南戏百一录》让他们第一次看到了《永乐大典》卷一三九九一的原始影像，虽只有一页，却也着实令人惊喜。但殊不知，这一页“真容”也并非真容，只不过是北平图书馆景钞本的首页而已，因为仿照原本“景钞”得十分逼真，很容易让人误以为就是原本。

当然，让学者们激动的不可能只是一页影印图案，更为重要的是，时年36岁的作者钱南扬(1899—1987)，就此开始深入研讨一个专门的学术概念“南戏”，并为之摸索考证了七年之久；在书中，他确证了南戏曾经存在的形态与特征，而且还把后来有遗存内容的剧本一一罗列概述。

到1979年10月，已经80岁的南戏研究专家钱南扬，终于完成了其南戏研究里程碑式著作《永乐大典戏文三种校注》。他在“前言”中不无感慨的提到,学界中流行已久的《永乐大典》卷一三九九一失踪传闻。他写道:

> 《永乐大典》自卷一三九六五至一三九九一，凡二十七卷，收戏文三十三本,详连筠簃刊本《永乐大典目录》。这本《戏文三种》,乃是仅存的最后一卷。此书已流出国外,一九二〇年,叶玉甫(恭绰)先生游欧，从伦敦一小古玩肆中购回，一直放在天津某银行保险库中。抗战胜利后，不知下落。现在流传的仅几种钞本及根据钞本的翻印本，可惜见不到原书了。这次校注，即据古今小品书籍印行会的排印本。

钱南扬(1899—1987)

钱南扬可能是为数不多的曾经见到过《永乐大典》卷一三九九一原本，或者至少亲自查阅过北平图书馆景钞本的知名学者之一。但他仍然没能逐一查阅、使用并研究《永乐大典》卷一三九九一全部内容，也是无疑的，否则不会在《永乐大典戏文三种校注》的工作底本上退而求其次，选择“古今小品书籍印行会”的铅字排印本。这个铅字排印本的底本，乃是北平图书馆景钞本——钱氏的工作底本，实际上已经与原本隔了两层“纱”。换句话说，钱的学术研究，没能拿到最接近原汁原味的“原本”，从古籍校注角度而言，“纯度”当然还不够，多少还是有些遗憾的。颇具意味的是，这部与《宋元南戏百一录》出版相隔已 45 年之久的著作之中，仍然在卷首插印了一页北平图书馆景钞本的《永乐大典》卷一三九九一。由此可见，包括钱南扬在内的大陆学者们对该书原本的珍视与关注，随之而来的遗憾与困惑，也因此萦绕半个世纪，挥之不去。

《永乐大典戏文三种校注》出版之后 20 年，1999 年，与钱南扬师出同门，同为曲学大师吴梅弟子的王季思 (1906—1996) 组织编撰的大型丛书《全元戏曲》，终于由人民文学出版社出版。在编校出自《永乐大典》卷一三九九一的元代剧本《宦门弟子错立身》时，他也感言 :“本剧原与《小孙屠》、《张协状元》一起，存于《永乐大典》卷一三九九一中。由于原书遗失，故这次整理，以《古本戏曲丛刊》影印的钞本为底本，参以钱南扬《永乐大典戏文三种校注》本。底本原不分出，为阅读方便，从钱本分为十四出。”以上这些感言得以公开出版刊行之际，90 岁高龄的王季思也已于三年前逝世。他在书中的这番感言，也成为中国学术界最后一次确证《永乐大典》卷一三九九一失踪的说法。

这时，距离叶恭绰从英国购回《永乐大典》卷一三九九一，已经过去了整整 80 年；距北平图书馆景钞本之诞生，也已经近 70 年了。但凡有可能亲自看到过、抄录过、校印过、研究过、接触过《永乐大典》卷一三九九一的中国学者皆一一作古。叶恭绰、赵万里、马廉、胡适、吴梅、傅惜华、唐圭璋、冯沅君、任中敏、谭正璧、钱南扬、王季思，皆走完了自己的生命历程；这一连串中国学术界耳熟能详的名字业已载入史册。而

《永乐大典》卷一三九九一原本的下落依旧还是个谜。

随之而来的阅读与研究状况则是：在中国学者视野中，《永乐大典》卷一三九九一已经失踪70年了，只有极少数人能看到北平图书馆景钞本；接下来“古今小品书籍印行会”的排印本也不多见了；再接下来只能查阅《古本戏曲丛刊》中的“影之再影”的版本；到最后，钱南扬所著《永乐大典戏文三种校注》成了最为常用的通行本。

重现台湾

距钱南扬所著《永乐大典戏文三种校注》出版之后30年，2009年11月21日至22日，南戏国际学术研讨会在南京召开。台湾嘉义大学中文系副教授汪天成发表《〈永乐大典戏文三种〉的再发现》论文，报告了一个惊人的发现：《永乐大典》卷一三九九一，即《永乐大典戏文三种》（明代嘉靖年间内府重写本）并没有失踪，现藏于台湾“国家图书馆”（即原“国立中央图书馆”）。

原来，台湾学术界也曾根据钱南扬所言，一直持《永乐大典》卷一三九九一已经失踪的观点。但汪天成坦言，“一直还心怀侥幸，希望能再看到原书”，寄希望于在大陆或海外寻求原书。接下来，一次因备课查寻资料的偶然机遇，竟意外地让这册“失踪”已近一个世纪的国宝重现。他在论文中激动地写道：

> 后来在备课时，因为要讲到包背装，需引用台湾“国图”的《术语图说》来解说，可是一点开之后，图例竟然是《永乐大典》卷一万三千九百九十一，我顿时愣住了。由于是远景看不真切，于是赶快去查“国图”的馆藏目录，结果真找到《永乐大典》卷一万三千九百九十一，而且看到了更清晰的图，就这样我还不放心。特地再到“国图”去看了微片和原书，确定真的是《永乐大典》卷一万三千九百九十一。

惊喜之余，出于学者的审慎，汪天成再次逐页逐字检阅原书。由于担心这并不是明代原本，而是另一种未经著录的景钞本，他甚至核对了明代原卷抄录者吕鸣瑞名下的现存所有《永乐大典》抄录笔迹。他将《永乐大典》卷六六六、卷二二三七、卷七三二四、卷七五一八、卷七六七七、卷八九一〇、卷一二三六八、卷一九七九一等多卷字迹逐一核对比照，最终确定了他在台湾“国家图书馆”中见到的《永乐大典》卷一三九九一正是明代嘉靖年间内府重写本，也就是当年叶恭绰从英国购回的原本。

至此，已经被中国学术界宣称“失踪”达80年之久的《永乐大典》卷一三九九一，终于重现于海峡彼岸。据汪天成初步研究，这部原本的内容，与此前流行于学术界的各个版本均有较大差异，无论是景钞本、排印本、影印本、校注本以及各类辑选本，都存在或多或少、程度不一的错讹与脱漏，这给学术研究带来的负面影响是持续而且深远的。可以预见，《永乐大典》卷一三九九一原本在台湾的重新发现，将重新厘清相关研究中的一些误区，重新建立起新的、更为精确的研究路径与方法，这必将掀起新一轮的相关研究热潮，诞生新一批的学术研究成果。这次神奇发现《永乐大典》卷一三九九一原本的学术价值，当然毋庸置疑。